LUIZ INÁCIO LUTA DA SILVA
Nós vimos uma prisão impossível

CONTRACORRENTE

ESTHER SOLANO
ALDO ZAIDEN
CAMILO VANNUCHI

(Coordenadores)

LUIZ INÁCIO LUTA DA SILVA
Nós vimos uma prisão impossível

CONTRACORRENTE

Copyright © EDITORA CONTRACORRENTE

Rua Dr. Cândido Espinheira, 560 | 3º andar
São Paulo – SP – Brasil | CEP 05004 000
www.editoracontracorrente.com.br
contato@editoracontracorrente.com.br

Editores

Camila Almeida Janela Valim
Gustavo Marinho de Carvalho
Rafael Valim

Conselho Editorial

Augusto Neves Dal Pozzo
(Pontifícia Universidade Católica de São Paulo – PUC/SP)

Daniel Wunder Hachem
(Universidade Federal do Paraná – UFPR)

Emerson Gabardo
(Universidade Federal do Paraná – UFPR)

Gilberto Bercovici
(Universidade de São Paulo – USP)

Heleno Taveira Torres
(Universidade de São Paulo – USP)

Jaime Rodríguez-Arana Muñoz
(Universidade de La Coruña – Espanha)

Pablo Ángel Gutiérrez Colantuono
(Universidade Nacional de Comahue – Argentina)

Pedro Serrano
(Pontifícia Universidade Católica de São Paulo – PUC/SP)

Silvio Luís Ferreira da Rocha
(Pontifícia Universidade Católica de São Paulo – PUC/SP)

Equipe editorial

Ale Kalko (diagramação)
Ale Lima (capa)
Liracio Jr.; Sérgio Limolli (revisão)

Fotografia da capa

Ricardo Stuckert

Dados Internacionais de Catalogação na Publicação (CIP)
(Ficha Catalográfica elaborada pela Editora Contracorrente)

S684   SOLANO, Esther; ZAIDEN, Aldo; VANNUCHI, Camilo et. al.

Luiz Inácio Luta da Silva: nós vimos uma prisão impossível | Esther Solano; Aldo Zaiden; Camilo Vannuchi (coordenadores) – São Paulo: Editora Contracorrente, 2018.

ISBN: 978-85-69220-49-7

1. Política. 2. Lula. 3. Operação Lava Jato. 4. Direitos Fundamentais. 5. Estado de Direito. I. Título.

CDU – 342.7

Impresso no Brasil
Printed in Brazil

Nosso agradecimento especial a
Luis Fernando Santos, Antonio Carlos Carvalho e
Amnéris Maroni por caminharmos lado a lado.
A Gustavo Aranda e aos fotógrafos dos
Jornalistas Livres que cederam suas imagens para este livro.
A Ale Kalko pela diagramação, Ale Lima pela capa e
Ricardo Stuckert pela foto de capa.
A cada um dos autores e a cada uma das autoras.
A todos que acreditam que os livros mudam o mundo.

O que construímos juntos não se destrói facilmente.
Resistimos.

SUMÁRIO

APRESENTAÇÃO
Esther Solano Gallego 9

UM DOS MAIORES EQUÍVOCOS DA VIDA POLÍTICA BRASILEIRA
Juca Kfouri 11

MISTÉRIOS DE UMA AUSÊNCIA PRESENTE
Gilberto Carvalho 13

LULA NOS BRAÇOS DO POVO, FORMANDO UMA COISA SÓ
Gleisi Hoffmann 17

O POLÍTICO E O HUMANO
Celso Amorim 25

SOLIDARIEDADE A LULA
Marcia Tiburi 28

AS 36 HORAS QUE ABALARAM A HISTÓRIA DO PAÍS
Manuela D'Ávila 35

EU VI AS PRISÕES DE LULA
Maria Rita Kehl 39

AINDA VIVEMOS NUMA DEMOCRACIA?
Tata Amaral 43

A PRESENÇA DO MISTÉRIO EM SÃO BERNARDO
Aldo Zaiden 47

NOTA DE RODAPÉ PARA UM ESCRITO ORIGINAL
Amnéris Maroni 51

OS DIAS DE SÃO BERNARDO DO CAMPO
Antonio Carlos Souza de Carvalho 54

UMA, DUAS OU TRÊS ROSAS
Camilo Vannuchi 62

CANÇÃO PELA UNIDADE DA ESQUERDA BRASILEIRA
Leon de Souza Lobo Garcia 69

"TUDO VAI DAR CERTO"
Agnese Marra 75

QUANDO O DISCURSO REFUNDA A HISTÓRIA EM 48 HORAS
Rosane Borges 82

"EU TENHO UM SONHO"
Fábio Bezerril Cardoso 89

NÃO ERA POSSÍVEL ESTAR EM OUTRO LUGAR
Kátia Passos 94

"NÃO PODERÃO NOS ARRANCAR A ESPERANÇA"
Deborah Cavalcante 101

7 DE ABRIL DE 2018
Fernando Sarti Ferreira 108

NEM POR LULA, NEM PELO PT: POR QUE FOMOS A SÃO BERNARDO DO CAMPO 112

DEFENDER O PT, APESAR DO PT
Paula Aparecida.. 120

IMAGENS DA RESISTÊNCIA
Jornalistas livres... 129

APRESENTAÇÃO

ESTHER SOLANO GALLEGO[*]

Passei dois dias em São Bernardo do Campo, ao lado de tanta gente que foi apoiar e defender o Lula. O que aconteceu ali entre os dias 5 e 7 de abril de 2018 fez parar a História por um momento. Daqueles dias que marcam as biografias e ficam na memória. São Bernardo foram corpos, lágrimas, sonhos, desesperança. E esperança também. Uma polifonia de ideologias, perfis, idades, passados, futuros, que se juntaram não só por Lula, não só pelo PT, mas por algo maior: por uma democracia sob ataque.

Lembro-me de que um jornalista me perguntou se eu estava lá porque pensava que Lula era inocente. Lembro de ter respondido, cansada de repetir sempre a mesma resposta, que não se tratava de inocência ou culpa, e sim do devido processo penal, de um Judiciário imparcial, de justiça, e não de linchamento.

O que vimos naqueles dias foi uma prisão impossível. Impossível porque absurda, porque jamais aconteceria numa situação normal, dentro da legalidade e de acordo com os princípios do Estado de Direito. Impossível, também, porque, para boa parte das pessoas ali presentes, não se pode prender o que Lula representa.

---

[*] Socióloga e professora da Unifesp.

A ideia deste livro surgiu olhando nos olhos dessas pessoas tão diversas que lá estavam. Ultimamente, olhamos tão pouco nos olhos... Queria que essas pessoas escrevessem sua raiva e sua dor, porque lá era dor e a dor deve ser gritada. Dor por um Brasil que foi melhor e não é mais. Dor por umas togas que destroem. Dor porque essa destruição é apoiada por muitos. O processo contra Lula simboliza todas essas dores.

O que vivemos em São Bernardo deslocou-se a Curitiba e outras vozes se juntaram a estas páginas. Vozes mais ou menos conhecidas, todos e todas que escrevem aqui o fazem desde o coração, desde as entranhas, desde a alma, se alma existir. Só desta forma vale a pena escrever um livro como este.

Esta escrita é uma forma de luta. Há quem diga que escrever não muda nada. Eu digo que, se nós não escrevermos, outros escreverão por nós, e isso pode não ser bom. Este livro são as palavras das pessoas que acompanharam Lula em São Bernardo, em Curitiba ou em sua primeira prisão, 38 anos atrás. Nós fomos protagonistas da História e nós queremos escrever a História. Basta de que outros a escrevam por nós.

E, não se engane. Você pode gostar ou não do Lula. Você pode gostar ou não do PT. Não importa. Se você for a favor dos excessos da Lava Jato, você não gosta é da democracia.

UM DOS MAIORES EQUÍVOCOS DA VIDA POLÍTICA BRASILEIRA

JUCA KFOURI[*]

Como 38 anos antes, Lula iria ser preso.

Como 38 anos antes, fui a São Bernardo.

Então, no papel de quem havia sido um dos designados pelo Sindicato dos Jornalistas, em São Paulo, para acompanhar a greve dos metalúrgicos do ABC liderada por ele. Agora, por solidariedade.

No caminho entre o estacionamento e a sede do Sindicato dos Metalúrgicos, fiz uma viagem numa máquina do tempo que me permitiu ver aqueles mesmos rostos na rua que ligavam uma coisa à outra.

Com uma diferença: as pessoas agradeciam a minha presença, por mais que eu dissesse não haver motivo para agradecer, porque estávamos todos no mesmo barco.

Em 1980, vi o que vi a distância, Lula nem sabia meu nome. Ele estava preocupado, com medo de sofrer violências, em dúvida sobre o que fazer.

---

[*] Jornalista. Comentarista esportivo, blogueiro, colunista e apresentador de TV.

Em 2018, o vi de perto, consolando as pessoas, com uma palavra carinhosa para cada um, firme e sereno.

Não sei se 38 anos atrás passava pela cabeça dele que, quatro décadas depois, a história se repetiria como farsa e como tragédia. Sei que o vi pequeno e desprotegido, grande e protetor.

Centenas de pessoas importantes da esquerda brasileira estavam naquele andar, de Dilma Rousseff a Fernando Haddad, de Guilherme Boulos a Manuela D'Ávila, estavam todos. E Lula dava colo aos netos.

Fiquei lá apenas até que começassem o ato final e os discursos. O desfecho, vi pela televisão.

Saí de lá com a sensação que trago ainda hoje: está em curso um dos maiores equívocos da vida política brasileira.

Quem o comete sabe por que o comete, mas não sabe que entrará como bandido para a História do Brasil.

MISTÉRIOS DE UMA AUSÊNCIA PRESENTE

GILBERTO CARVALHO*

A angústia e a incredulidade se misturam em cada olhar, em cada gesto. Como que tentando acordar de um pesadelo, as palavras fazem um círculo inútil, estéril. Mas a frieza de cada fato, de cada notícia, sepulta, uma a uma, cada ilusão, cada esperança de uma "medida" salvadora.

Longos, dolorosos e apaixonados debates, variadas sugestões: pedir asilo numa embaixada de país amigo, resistir, entregar-se...

O método de formular a decisão repete o hábito antigo: ouvir, ouvir, provocar o contraditório, analisar cada dado novo. E, no final do processo, a decisão pessoal, solitária em sua última responsabilidade.

Deixar o país e asilar-se, nem pensar. Em linha com a mesma postura de não provocar um terceiro mandato em 2010, a teimosia em respeitar a institucionalidade, a mesma que estava sendo violentada para aprisioná-lo. Mas mais do que isso: a honradez do "filho de dona Lindu, que não foge do pau", do pensar na ida e na volta, de não abandonar seu povo que já sofre tanto.

---

* Filósofo, foi ministro-chefe da Secretaria-Geral da Presidência da República no governo Lula.

Os fatos se precipitam com grande velocidade, atropelando qualquer planejamento. O Sindicato é a arena adequada, pela História, pelo significado, pelo afeto, pela logística. Bravatas espocam no ar como foguetes em noite de São João: resistir, não se entregar, armar barricadas, cordão humano, o cacete... não levarão! Confesso, honestamente, que não fugi ao enredo e andei soltando meus traques. Ele, pensativo, olhando tudo aquilo.

E éramos poucos, 5 mil, talvez 8 mil no pico, longe dos 40 mil, 60 mil, 100 mil. Num dado momento, pela janela do terceiro andar, olhando para aquela militância generosa e entusiasmada, ele me fala: "Gilbertinho, a gente faz a guerra com os soldados que tem". Ali estava selada a decisão, só depois anunciada, de não expor ninguém à violência, à sanha policial, e de se construir um enredo de dignidade e alto simbolismo.

A missa planejada para ser uma homenagem a Dona Marisa, dentro do Sindicato, teve de se transformar num culto realizado na rua, em cima de um caminhão. Dom Angélico, de rara coragem, e que pagou duro preço pela ousadia, teve com ele uma conversa a sós: "Meu irmão, precisamos muito, muito de você. O povo pobre precisa de você. Nada de aventuras, de greve de fome. Se cuida muito. Você vai passar por tudo isso e voltar mais forte e devolver a alegria para o povo sofrido que você tanto ama".

Talvez Deus nunca tenha estado tão presente numa celebração, naquele clima de altíssima voltagem emocional, em que se celebrava o sacrifício de um ser humano por seu povo, de alguém que abraçava com altivez sua cruz, certamente brigando muito com seus medos, com a angústia da dúvida: por que tanto sofrimento? A infâmia persistente, o opróbrio reiterado, os processos multiplicados artificialmente, a morte de Marisa, o drama dos filhos, a condenação com seu roteiro infame e, agora, a prisão. Aquele palco ganhou todo o cenário de um horto das oliveiras.

Vem o momento crucial: ele tem de falar com a massa de companheiros e companheiras ali presentes, perfilados como um exército em ordem de batalha. Não éramos tantos, mas os que estavam ali não admitiam alternativa à radicalização. Quando ele tomou a palavra, fiquei com

MISTÉRIOS DE UMA AUSÊNCIA PRESENTE

muita pena e dúvida: como ele teria condições de anunciar que não haveria resistência, que deixaria a Polícia Federal levá-lo, quando todos queriam o contrário? Como conseguiria fazer aquele momento não se transformar numa referência de tristeza, desânimo e desilusão para aquela gente e outros tantos milhões que nos acompanhavam?

Aí, o velho Lula... começa a falar e a circular como quem procura docilmente domar um potro bravio... recorre a 1980, à dramática decisão de suspender a greve quando todos queriam seguir, radicalizando... vem vindo, vem vindo, até dar o bote final e dizer, mansamente, que havia decidido cumprir o mandado de prisão... respeitar as instituições utilizadas vilmente contra ele... tudo isso quando dentro dele gritava a vontade de resistir, de ir pro pau. Contradição gritante com o hábito de rasgar a Constituição sempre que os objetivos do capital o exigem.

A cena final, genial, criada minutos antes, da saída nos braços dos companheiros, foi a concretização, a realização simbólica, rediviva, do seu projeto de vida.

A dramática saída para a Polícia Federal, em que uma parte importante daquela massa implorava, exigia que não fosse, é sacramental, prenhe de significado, da relação dialética entre a liderança e os liderados, exercício pedagógico no âmago da dor.

Enquanto os rojões da maldade festejavam a tragédia, iniciava-se este longo, longuíssimo período de intermináveis dias de Curitiba... Para nossa alegria, e desespero deles, constitui-se, a partir daí, o fenômeno mais incrível de uma ausência absolutamente presente no cotidiano do nosso povo, que, resiliente, reafirma seu amor, seu desejo de ver esse prisioneiro devolvendo a esperança e a dignidade experimentada e saboreada tão brevemente. Os donos do poder que sonhavam vê-lo enjaulado e isolado não sabem o que fazer. Tal como Herodes, que pensava matar o sonho do povo assassinando primogênitos, devem estar tendo sonhos bem desagradáveis... e não perdem por esperar.

Eles, na verdade, sem querer, acrescentaram na biografia deste sobrevivente da grande provação mais um traço, um dado que só fará crescer a mística de sua comunhão com o povo. O sofrimento da ausência acrisola, consolida o mistério desta intensa comunhão entre esse personagem e seu povo. Que o digam as milhares de cartas, as rezas tantas, e a decisão que teima e se consolida da "vingança do voto": ali, naquele momento, sem a vigia do dominador e dos seus massacrantes meios, um grito de liberdade há de afirmar a presença deste filho do povo, esperança de recuperação da dignidade perdida.

Aos dominadores, envolvidos em seus fantasmas, restará a tarefa de tentar entender, com seus tantos consultores e escribas alugados, o mistério desta teimosa estrela, que ousa brilhar, mesmo por trás de nuvens tão cinzentas.

LULA NOS BRAÇOS DO POVO, FORMANDO UMA COISA SÓ

GLEISI HOFFMANN[*]

Sábado, 7 de abril. São Bernardo

Era como um filme passando ao vivo diante dos nossos olhos: o presidente Lula indo embora nos braços do povo, sem tocar os pés no chão, flutuando no meio daquele mar de gente. Acho que não tinha maneira mais bonita de terminar as 48 horas de resistência em São Bernardo que não fosse aquela cena: o presidente Lula e o povo formando uma coisa só, uma massa que ninguém podia separar. E era também uma maneira muito triste de terminar aquilo tudo: o presidente Lula indo para a prisão, por um crime que nunca cometeu, porque o único crime dele foi resgatar a dignidade daquele povo que o carregava nos braços.

A gente sabia que não podia ser diferente, que os golpistas não iam ter o trabalho de derrubar a presidenta Dilma e depois deixar Lula voltar e desfazer todas as maldades que eles fizeram contra o Brasil e o povo brasileiro. O desfecho só podia ser aquele. Ao mesmo tempo, a gente sabia que aquilo não era um desfecho, não era o final. Ainda tinha muita luta pela frente, muita resistência, e ninguém ali ia desistir de lutar.

---

[*] Senadora pelo Paraná e presidenta nacional do PT.

GLEISI HOFFMANN

E a resistência não tinha mesmo terminado, porque depois de carregar o Lula nos braços, o povo decidiu que não ia deixá-lo ser preso, e logo já tinha um monte de gente trancando a saída dele do Sindicato, gente se jogando na frente dele, disposta a não deixá-lo cumprir o que tinha sido negociado com a Polícia Federal.

O presidente me chamou, chamou também o Luiz Marinho, ex-ministro e ex-prefeito de São Bernardo, chamou o Vagner Freitas, presidente da CUT, e disse: "Olha, alguém tem de fazer alguma coisa, nós temos de cumprir o que foi acordado, não pode ser desse jeito". Aí nós subimos de novo no caminhão de som, e eu tive de pedir ao povo para deixá-lo cumprir o que ele mesmo tinha decidido. Logo eu, que naquele hora me emocionava com aquele povo que não queria que o presidente se apresentasse para a Polícia Federal. Logo eu, que achava que ele devia ficar, que nós devíamos resistir ainda mais do que já havíamos resistido, e que, se os golpistas quisessem prender o presidente, que passassem por cima de nós.

Mas eu não podia dizer isso, eu tinha de dizer o contrário. Porque o presidente sempre foi muito responsável, ele não queria que ninguém se machucasse, e ele sabia, todos nós sabíamos, que tinha gente ali disposta a ir para o tudo ou nada, a enfrentar a polícia, a se machucar, até a morrer por ele. E essa era a última coisa que ele queria. E a última coisa que eu queria era estar ali naquele momento, pedindo ao povo que deixasse o presidente ser preso, porque essa decisão cabia ao próprio Lula, porque o que estava em jogo era a vida dele, era a história dele, e a gente tinha de respeitar. E foi difícil dizer aquilo, porque, naquela hora, no meio da emoção, eu queria era estar lá embaixo, na porta do Sindicato, com o povo, impedindo que prendessem o presidente.

Eu, até hoje, não consegui organizar direito a minha memória sentimental. As lembranças vêm assim, como cenas de um filme, em forma de *flashes*. O tumulto, a multidão, as palavras de ordem, a emoção, o choro... Era alguma coisa muito quente acontecendo, era uma tonteira, sabe? Isso: uma tonteira muito forte. Tudo ao mesmo tempo, a História acontecendo na nossa frente e ao mesmo tempo a gente tendo de pensar no futuro, no próximo passo, na continuidade da resistência, na

18

LULA NOS BRAÇOS DO POVO, FORMANDO UMA COISA SÓ

luta pela liberdade, na defesa da candidatura, na campanha para ele ser de novo presidente. Tudo ao mesmo tempo naquela hora. As horas mais tensas, as mais intensas da minha vida política.

Quinta-feira, 5 de abril. São Paulo

Eu lembro que alguém me mandou um zap, não lembro quem, por volta de seis da tarde daquela quinta-feira. Sei que era um pouco antes das seis porque ainda não tinha escurecido, e no zap alguém dizia: "Saiu o mandado de prisão do presidente". Estávamos na sede do Instituto Lula, era um dia normal, havia uma agenda com a presidenta Dilma, mas nada relacionado ao que estava para acontecer. Ninguém ali pensava que podia acontecer aquilo. Quer dizer, a gente sabia que o desfecho fatalmente seria esse, porque eles não iam dar um golpe para depois deixarem o presidente Lula desfazer o golpe, revogar a PEC que limita os investimentos em saúde e educação, a reforma que rasgou os direitos das trabalhadoras e dos trabalhadores, as privatizações, a entrega do pré-sal... A gente sabia disso tudo. O que a gente não esperava é que eles tivessem tanta pressa em executar essa outra fase do golpe, que eles não podiam esperar nem mais uma semana, passando por cima do direito de recurso do presidente.

Os advogados, o Cristiano e a Valeska, tinham saído poucos minutos antes. Nós tínhamos acabado de discutir os próximos passos da luta jurídica. O presidente estava na sala de visitas do Instituto conversando com o deputado Vicentinho e a esposa dele, quando chegou a notícia. Lembro que caiu como uma bomba, a gente ainda sem querer acreditar, todo mundo correndo para confirmar se era verdade, e logo confirmamos que sim, e pior: não era só um mandado de prisão, era um ultimato do Moro para que o presidente se entregasse em Curitiba.

Nessa hora o Lula tinha acabado de se despedir do Vicentinho e da esposa e já estava se preparando para receber a presidenta Dilma, quando o chamamos para dar a notícia. Ele recebeu com serenidade, mas é claro que foi um impacto para ele, assim como foi para o Brasil inteiro. Mas não era o momento de ficarmos parados, sofrendo, se lamentando. A gente tinha de reagir. Mas reagir como? O que vamos fazer agora? A gente não teve tempo de organizar nada, uma fala do presidente, um posicionamento do partido, nada. Depois é que a gente soltou uma nota. A única ação que estava estruturada desde antes era a seguinte: quando acontecer, vamos para o Sindicato dos Metalúrgicos, a origem do Lula como líder nacional e internacional.

E logo em seguida escureceu, e começou a movimentação da imprensa, aquele tumulto. O que a gente fez de imediato foi tirar o presidente de lá antes de tumultuar ainda mais. O Cristiano e a Valeska tinham voltado às pressas para o Instituto. Finalmente o Lula entrou no carro e fomos todos para o Sindicato. Eu ainda fiquei mais um pouco no Instituto, para gravar um vídeo convocando a militância para a resistência em São Bernardo. O presidente foi direto para o Sindicato, nem passou em casa, depois é que alguém foi lá buscar umas roupas. E ele ficou lá, no Sindicato onde tinha começado tudo, vestido com aquela jaquetinha, aquele casaquinho que foi presente do Evo Morales e ele adora.

Logo as lideranças começaram a chegar, e foi assim a noite inteira, chegando gente, chegando gente. Eu e outras lideranças fomos procurar um hotel, enquanto o presidente decidiu passar a noite ali mesmo, no Sindicato. Arranjaram um colchão para ele.

Sexta-feira, 6 de abril. São Bernardo.

Na sexta-feira, o Sindicato amanheceu lotado. Gente disposta a resistir, a agir. E nós ainda sem saber o que fazer. Chegaram juristas, deputados, senadores, lideranças dos movimentos sociais, o Boulos, a Manuela, os artistas. O presidente atendia um pouco um, um pouco outro, conversava com os filhos, abraçava todo mundo. E muita gente do lado de fora, a imprensa, todo mundo apreensivo, querendo notícias, e a gente ainda sem saber o que fazer. Daí a Claudinha, secretária do Lula, lembrou: "Gente, amanhã é o aniversário da Dona Marisa". Deu aquele estalo: vamos fazer uma missa para a Dona Marisa. A ideia foi amadurecendo, as pessoas falando aquilo pelos cantos, eu, o Pimenta, o Lindbergh, o governador Wellington, o Sigmaringa, o Emídio e o Márcio, da direção do PT, conversando com os advogados... Houve muita discussão, até que batemos o martelo e fomos falar com o Lula. "Presidente, vamos fazer uma missa amanhã para a Dona Marisa". Ele disse apenas isto: "Ah, tá bom". Com

LULA NOS BRAÇOS DO POVO, FORMANDO UMA COISA SÓ

aquele "tá bom", a gente entendeu que ele já tinha tomado a decisão: ele não ia cumprir o prazo do Moro. E estava encerrado o assunto.

Eu desci para falar com a imprensa e disse que o presidente Lula não ia se apresentar em Curitiba, mas que nem por isso ele estava descumprindo alguma ordem judicial, porque o prazo dado pelo Moro não era determinativo, e que íamos fazer uma missa no dia seguinte para Dona Marisa, e que se quisessem prendê-lo, que fossem buscá-lo.

Sábado, 7 de abril. São Bernardo.

Havia uma questão jurídica, que os advogados colocaram para a gente: se o presidente não cumprisse a determinação de se apresentar, aquilo ia ser entendido como uma espécie de desacato à lei, o que poderia levar à decretação de prisão provisória, agravando a situação dele. Àquela altura, nós ainda estávamos tentando um *habeas corpus*, e se fosse decretada a prisão provisória o presidente perderia esse direito. Foi uma reunião tensa, houve divergência política com os advogados, enfim... Depois de toda discussão, prevaleceu a decisão do presidente de não colocar ninguém em risco forçando a Polícia a invadir o Sindicato.

O Zé Eduardo (ex-ministro da Justiça), o Damous (deputado, ex-presidente da OAB) e o Emídio negociaram com a Polícia Federal um horário para buscar o presidente no dia seguinte, depois da missa. Só que quando a missa acabou, o Sindicato ainda estava lotado de gente, e o povo não queria deixar o presidente sair. A PF avisou que não iria sem garantia de entrar e sair sem confronto. Começou a passar o tempo, a PF pressionando, cobrando o horário que havia sido combinado. Daí a gente subiu de novo no caminhão e eu tive de dizer ao povo que deixasse o presidente Lula fazer o que tinha que ser feito.

E o tempo passando, e o povo que tinha carregado o presidente nos braços do caminhão de som até o Sindicato agora não deixava ele sair do Sindicato, a PF querendo a garantia de que poderia entrar e sair sem confronto, e eu dizendo ao povo que se não houvesse a apresentação do presidente ele estaria descumprindo uma decisão judicial e isso agravaria a situação dele. Disse que o presidente era inocente e íamos usar todos os meios jurídicos possíveis para que ele logo fosse posto em liberdade. O povo foi acalmando aos poucos, mas, quando o presidente decidiu sair do Sindicato caminhando, começou tudo de novo, as pessoas arrebentaram o portão, se jogaram na frente dele, teve gente que se machucou.

No fim, o presidente finalmente entrou no carro da PF e foi embora. E ficou aquela sensação... Sabe quando você espera por algo muito ruim que você sabe que vai acontecer? Aí aquilo acontece e você fica se perguntando: "Será que não dava para evitar? Será que a gente não devia ter tirado ele daqui, levado para uma embaixada, pedido asilo político? Naquela hora, passava um monte de coisas pela cabeça, mas no fundo a gente sabia que o Lula jamais aceitaria fugir, porque ele nunca soube o que é fugir da luta. Ele havia decidido ficar e enfrentar o que quer que fosse. Ele disse: "Vou cumprir o meu destino". Entrou no carro da PF, e fim. Só que não era o fim.

Sábado, 7 de abril. Curitiba.

Nós decolamos para Curitiba quase ao mesmo tempo que o avião que levava o presidente. Chegamos quase ao mesmo tempo, mas aí ele foi levado de helicóptero, enquanto a gente teve de ir de carro. Quando chegamos à sede da PF já tinha acontecido tudo: gente machucada, gente sangrando, balas de borracha pelo chão, cheiro de gás...

Eu e o dr. Rosinha (presidente do PT do Paraná) ouvimos a militância, depois fomos falar com o superintendente da PF. Estava todo mundo muito tenso: os policiais militares, os policiais federais, o próprio superintendente. Era uma situação nova para todos eles: afinal tratava-se de um preso político daquela envergadura, um ex-presidente da República, a maior liderança política do país.

E o nosso pessoal machucado, puto da vida, enquanto os do outro lado, os que estavam ali festejando a prisão do presidente Lula, podiam se manifestar à vontade, chegaram a soltar foguetes na direção do helicóptero, que estava voando baixo, em tempo de provocarem uma tragédia, e a polícia não fez nada. Foi assim desde sempre, e continuava sendo assim: dois pesos e duas medidas.

LULA NOS BRAÇOS DO POVO, FORMANDO UMA COISA SÓ

Duas semanas depois, nós finalmente conseguimos que uma comissão do Senado visitasse o presidente. Era óbvio que ele havia sentido a prisão, o isolamento, a solidão, mas, naquele momento, ele demonstrou toda a alegria com a nossa visita. Abraçou todo mundo, preocupadíssimo porque não tinha cadeira em número suficiente, perguntou pro carcereiro se não dava para conseguir mais algumas, pegou a garrafinha térmica e perguntou se a gente queria café... Contou da rotina na cela, dos livros que estava lendo... Foi emocionante, ele muito alegre de ver a gente, porque ele precisava ver gente, queria ver os amigos. Queria falar, queria escutar, queria saber da política, como estava a campanha da Fátima no Rio Grande do Norte e a minha no Paraná. E falou muito sobre o processo, a prisão, a caçada jurídica da qual estava sendo vítima e da necessidade de denunciar aquela injustiça ao mundo. Enfim: preso ou não, estava ali o Lula que a gente conhece.

Sábado, 7 de abril. São Bernardo

O clima no Sindicato era de tristeza, é claro, mas não era um clima depressivo, muito por conta do próprio Lula. Ele o tempo todo dando força para as pessoas, as pessoas chorando e ele abraçando e olhando nos olhos e dizendo "Não, não tem que chorar", mas ele mesmo chorando, porque ele nunca teve vergonha de chorar, e essa é uma das muitas coisas que eu admiro nele: a capacidade de sentir e de mostrar o que está sentindo.

E ele abraçava um, abraçava outro, e saía na janela para acenar para o povo. Para cada um ele tinha uma história para contar. E lembrava cenas da vida dele, a prisão durante o regime militar, as lutas naquele mesmo Sindicato, chorou de novo ao falar da Dona Marisa... Contou a história do 'teima', de como a mãe dele, a Dona Lindu, dizia sempre: "Teima, meu filho, teima". E ele, pouco antes de ser preso, dizendo para a gente: "Eu teimei a minha vida inteira, e continuo teimando, e vou teimar até o fim". Havia muita energia no ar, muita emoção concentrada, mas não era uma emoção triste, era uma emoção indignada. Porque havia a clareza de que nós tínhamos condições de enfrentar tudo aquilo, que era muito ruim o que estava acontecendo, mas que a gente sempre soube que a luta era maior. Ele mesmo deixou isso claro para a gente quando disse: "Não se prende um sonho, não se prende uma ideia".

Ele passou para a gente a responsabilidade de seguir a luta, de não se abater. E passou não só para nós, as lideranças que estávamos ali, mas para todo mundo, principalmente o povo. Lembro que no caminhão de som, já perto do final da fala, quando ele disse que nós tínhamos de ser as pernas, os braços, a cabeça, as ideias dele, um rapaz gritou lá debaixo: "Isso mesmo! Eu sou Lula"! E eu pensei: o povo entendeu a mensagem, captou o espírito. E fiquei com aquilo na cabeça. Então, quando o presidente saiu carregado pelo povo, eu lembrei daquilo e puxei o coro do Eu sou Lula! Eu sou Lula!

E aquela era muito mais que uma palavra de ordem, porque o Lula é a cara do povo brasileiro, o Lula é o povo brasileiro. Nada mais justo e lindo do que ele sair assim, carregado pelo povo. Os golpistas queriam a imagem do Lula preso, cercado pelos policiais, de cabeça baixa, derrotado e humilhado. Mas a imagem que ficou foi o oposto disso.

A leitura política que eu faço é que ele conduziu todo o processo, ele tinha mais clareza e consciência do que todos nós que estávamos lá. Ele ouviu a opinião de todos nós, mas já sabia qual o recado queria deixar para o Brasil e para o mundo, e o recado era este: "Eu não vou me entregar no prazo que me deram, vou cumprir a decisão da Justiça, mas vocês que venham aqui me buscar. Não vou afrontar a Justiça, mas vai ser do meu jeito, e não do jeito que vocês querem". E foi do jeito que ele queria.

Aquelas 48 horas foram um marco de resistência popular. O povo mostrou que não concordava com o que estava acontecendo, que ia resistir. E durante aquelas 48 horas o clima não foi de afronta, mas de indignação, de resistência ativa e de perseverança, do Lula e do povo brasileiro. Porque o Lula espelha muito bem o povo brasileiro. A vida do Lula é a vida do povo: um eterno começar de novo. É levar porrada e levantar a cabeça, é insistir, teimar até o fim. É acreditar é refazer. E tudo isso naquela hora representado naquela imagem vista de cima: Lula nos braços do povo, Lula e o povo formando uma coisa só. Inseparáveis.

O POLÍTICO E O HUMANO

CELSO AMORIM*

Uma imagem vale mais que mil palavras, diz o provérbio chinês. Mil palavras não serão capazes de descrever, de forma tão pungente, a tristeza profunda experimentada por milhões de brasileiros (e muitas outras pessoas em todo o mundo) quanto a imagem de Leonardo Boff sentado em frente ao prédio da Polícia Federal, em Curitiba, onde está preso o ex-presidente Lula. Sentado à espera de uma autorização para visitar o amigo. Uma autorização que não veio.

Como muitos outros militantes e simpatizantes, acompanhei, no sindicato dos metalúrgicos, em São Bernardo do Campo, o desdobramento do drama político em que o país foi atirado após a decretação da prisão de Lula pelo juiz Sergio Moro, algumas horas depois da negação do *habeas corpus*, por estreitíssima margem, pelo Supremo Tribunal Federal.

Nas horas que antecederam a prisão do presidente, uma característica de sua personalidade sobressaiu em todos os seus gestos: a profunda humanidade, o interesse real e concreto pelo bem-estar material e espiritual dos que estavam dentro daquele edifício ou no meio da multidão que o rodeava.

---

* Diplomata, foi ministro das Relações Exteriores no governo Lula.

Lula não saiu da vida para entrar na História, nem pôs em risco a integridade física dos seus apoiadores. Tampouco cedeu à coreografia planejada por seus algozes. Não obedeceu ao ultimato disfarçado em deferência, mas não permitiu que o episódio da prisão constituísse pretexto para novas provocações por aqueles que desejam cerrar as cortinas sobre a democracia brasileira.

Na segunda-feira (9/4), após um domingo sem festa, muitos de nós fomos a Curitiba visitar o acampamento montado por movimentos sociais, em que gente humilde, juntamente com pessoas da classe média, dava testemunho de sua inconformidade com a violência contra Lula.

Se o afeto e o reconhecimento pelo ex-presidente ofereciam algum consolo à dor de sabê-lo preso, a visão do prédio dava absurda materialidade ao que até então parecia uma ideia abstrata: o encarceramento do ser humano em quem o povo pobre do Brasil vê o seu mais legítimo e querido representante.

Ao longo da minha vida como servidor público, a maior parte da qual no exercício de função diplomática, poucas vezes senti vergonha profunda (distinta de um mero incômodo passageiro) do meu país.

Uma delas foi quando, jovem funcionário servindo no exterior, abri uma revista que regularmente recebia do Brasil e li uma reportagem sobre a morte de um prisioneiro sob tortura. Uma brevíssima brecha na censura imposta pelo regime permitiu que a reportagem fosse publicada. Voltei a experimentar o mesmo sentimento com a recusa aos pedidos de visita a Lula feitos por Adolfo Pérez-Esquivel, prêmio Nobel da Paz em 1980, e pelo amigo de longa data, outro lutador pacífico da paz, Leonardo Boff.

Em 2002, quando o povo teve a coragem de eleger como seu presidente um operário com raízes no sertão do Nordeste, cunhou-se a expressão "a esperança venceu o medo". Neste momento sombrio, não sei o que lamento mais: a ignorância de nossos juízes quanto às normas internacionais sobre tratamento de presos ou a pequenez de espírito dos que se apegam à formalidade das regras para tomar decisões despidas de qualquer sentido de humanidade.

O POLÍTICO E O HUMANO

Em meio a tantas arbitrariedades postas a serviço dos poderosos dentro e fora do Brasil, temos de buscar força e inspiração nas atitudes desassombradas de Boff e Esquivel.

Necessitamos eleições livres e justas, com a participação dos candidatos mais representativos do povo, a começar por Lula, para que a paz e a confiança no futuro sejam devolvidas ao povo brasileiro. Não podemos permitir que o ódio e a mesquinharia vençam a esperança.

SOLIDARIEDADE A LULA

MARCIA TIBURI[*]

Medo e esperança ao mesmo tempo. Esse era o clima no Sindicato dos Metalúrgicos de São Bernardo do Campo em 6 de abril de 2018, quando passei o dia por lá. A prisão de Lula tinha sido decretada, mas ainda havia um fio de esperança no trabalho dos advogados e juristas, que insistiam em usar os caminhos legais para reverter a situação de injustiça relacionada à prisão sem crime e sem provas. O caráter espúrio de mais uma manobra ligada ao golpe não me deixava ser otimista. Eu pensava na frase de Kafka: há esperança, mas não para nós.

Quem sabe do que o capitalismo é capaz, quem sabe como ele funciona programaticamente, sobretudo em sua versão neoliberal na qual é retomado o seu lado mais arcaico, sabe que não há esperança. Que qualquer esperança só faria sentido se fosse politizada. A esperança politizada nos leva à luta pelo fim de um sistema de injustiças e privilégios. Seria apenas acabando com esse sistema com o qual se torna, a cada dia, mais difícil negociar, que poderíamos seguir. Negociar deveria ser algo simples e razoável, mas o aprofundamento de seu caráter fascista, que começa com o apagamento do outro por preconceitos, segue com a destruição de seus direitos mais básicos, aqueles que promoveriam a

---

[*] Filósofa, candidata ao governo do Rio de Janeiro em 2018, autora do livro *Como conversar com um fascista* (2015).

SOLIDARIEDADE A LULA

simples subsistência, não deixa espaço para a melhoria das condições de vida e da própria luta necessária para que a vida possa seguir.

Não tenho vontade de falar "em tese" sobre isso, nem de discorrer sobre teorias. Quem percebe a orquestração da economia-política do choque, a tática de terra arrasada pela pilhagem internacional das empresas estatais, a humilhação da inteligência e dos corpos dos trabalhadores, sabe do que se trata. Já compreendemos bem e não encontramos meios de lutar contra isso. Sem direitos, entregues novamente ao escravismo, à destruição de pessoas por extermínio ou silenciamento, a deturpação de suas formas de viver, a aniquilação do senso de uma vida justa e boa, somos levados ao entristecimento e à prostração. Penso no povo. A depressão cívica está por todo lado. Quem percebe os processos biopolíticos e os controles sobre as formas de vida em sociedade sabe que os algozes da democracia não estão de brincadeira e que o golpe não foi em vão para quem o colocou em cena.

A destruição do Brasil é algo profissional. Não é efeito de uma ideologia apenas, mas de suas materializações e efetivações no contexto das quais a ideologia é o de menos. O que dizer diante disso? Que ficaremos conformados, que levaremos décadas para recuperar a democracia, que o ser humano não tem jeito, que não podemos nada contra o poder em sua forma de violência contra a maioria populacional, de extermínio da população indesejada pelo sistema econômico político? A matança pela fome perpetrada pelo capitalismo se exacerba nesse momento no Brasil. Quem não se importa com algo como democracia nessa hora é porque está com a vida feita?

Fui a São Bernardo por solidariedade às pessoas de quem me tornei companheira de luta. Fui até lá pelo mesmo motivo que me levou ao acampamento em Curitiba, próximo à Polícia Federal, onde Lula está preso desde o começo de abril. Me filiei há pouco ao Partido dos Trabalhadores, em 7 de março, quando tive a oportunidade de conversar com Lula sobre o PT, seus rumos, suas potências, seus problemas. Lula assinou a minha ficha de filiação com a simpatia que lhe é habitual. Para mim, foi um momento muito significativo por muitos aspectos, alguns mais objetivos, outros mais subjetivos.

Quanto ao lado objetivo, para mim, a expressão da solidariedade se torna um dever. É certo que devemos prestar apoio e solidariedade a todas as pessoas e causas que nos tocam, sempre que isso for possível. No caso de Lula, assim como ocorreu com Dilma Rousseff, trata-se da urgência da defesa da democracia violentada por um Estado de exceção que se torna regra.

Por meio do meu gesto de filiação eu pretendi ainda realizar uma antecipação do ideal de reconciliação e união das esquerdas que cada um pode realizar em si mesmo enquanto os partidos não tomam essa iniciativa. Não precisamos esperar ninguém para fazermos aquilo que seria bom para todos. No caso de pensar nessa reconciliação, é claro que tanto faz estar em um partido ou em outro. Mas não vejo nenhum motivo verdadeiro para que os diversos partidos de esquerda não se unam naquele que é o maior deles, mais ligado ao povo. Podíamos pensar em criar um outro partido, que se reunisse em torno de uma proposta comum, resultado de toda a autocrítica dos partidos conquistada até aqui, mas a urgência do momento nos leva ao PT como um lugar onde muita coisa foi possível e ainda pode ser.

Eu, que fui filiada ao PSOL nos tempos em que criticar o PT era uma espécie de luxo democrático, hoje perdido para nós, resolvi retornar ao começo de alguma coisa que eu perdi em função da minha própria história pessoal e até mesmo do meu modo de ser, aspecto que não deve ser desconsiderado quando se fala da politização de ninguém. É nesse sentido que o pessoal é político. E é preciso pensar no devir político de cada um, bem como no devir coletivo, de massas, de grupos, de nações.

Não posso deixar de mencionar que a minha relação com o PSOL e com o PT é atravessada pelo golpe. Do mesmo modo, a minha relação com o meu país e com os movimentos sociais se modifica com o golpe. A minha relação comigo mesma se modifica em função da violência à democracia, em cuja crença a minha subjetividade foi fundada. Tudo se modifica política e eticamente, social e economicamente com esse evento funesto que nos atinge e não cessa de se confirmar.

SOLIDARIEDADE A LULA

Hoje, seja na filiação ao PT, seja nos atos dos quais participo por que sou professora de filosofia, porque sou escritora e acredito que é um dever de todo intelectual pensar o seu contexto, eu me vejo voltando ao começo, à luta que é preciso sempre reiniciar. E é, nesse momento, com essa imensa multidão petista, que eu me vejo capaz de seguir em luta. Por identificação, mas também por perceber que não há outro caminho possível, porque o povo está nesse caminho e deveria intensificar a sua relação com o trabalhismo, com os sindicatos, com os movimentos operários e campesinos que lutam para que o capitalismo não devore e aniquile o mundo e a sociedade. Deveria também intensificar sua relação com a consciência da condição da pobreza que é a sua própria.

Estive em São Bernardo também em nome de um dever para com a história catastrófica que se desdobra à nossa frente. Precisamos estar conscientes. Não penso que podemos deixar que os rumos do Brasil sejam definidos para além da capacidade de luta das pessoas. Ou lutamos, ou seremos gado marchando para o abate.

Onde estava o medo em São Bernardo, naquele dia em que ocupamos o sindicato? Nos atos da (in)justiça brasileira sobre a qual nada mais se pode dizer, senão que está morta. A Constituição Federal foi rasgada sem vergonha alguma por vários dos agentes que deveriam zelar por ela em momentos diversos e tiveram chance desde 2016 de não colocarem o país nesse lugar abjeto e vergonhoso em que se encontra hoje.

Está em vigência um Estado de exceção, que se torna regra. Uma espécie de bandidagem, que se vale do poder Judiciário, instaurou-se para dar conta dos desdobramentos do golpe iniciado em 2016. Essa bandidagem constitui o grande e verdadeiro crime organizado no Brasil. Ele se coloca como organização da ignomínia, como administração da violência do Estado a serviço do capital cultuado no neoliberalismo. É, além disso, o crime da incitação ao ódio, da proposição de uma guerra de todos contra todos, o que está em curso. A polarização política não é natural. Porque quando a guerra vem de cima, ou vem dos inimigos, quando o plantio da cizânia se dá por esses mesmos inimigos, a população cai como um pato. E todo delírio vem à tona.

Sabe-se lá com que tipo de chantagens e ameaças convivem os agentes e os asseclas do Judiciário, ou que tipo de vantagens pessoais possam receber para fazer o que fazem. Não há desculpa, de qualquer modo, para os que em nome da Justiça cometem injustiças. Enquanto isso, o discurso da corrupção é mantido vivo pelos mais corruptos, pelos que dependem da ideia de corrupção para se manterem no poder enquanto eles mesmos corrompem. Não cumprir a Constituição é crime e o crime está nas mãos de quem deveria zelar para que ele não ocorresse.

A verdade já não é um valor da instituição judiciária, quiçá da cultura do país que a cada dia mergulha na miséria espiritual sob o regozijo de muitos no ódio fascista. Lula, ao contrário, pregou o amor e não é sem tragédia que ele se torna o líder ainda mais adorado pelas massas nesse momento em que tentam humilhá-lo e acabar com ele. Apesar disso, foi em nome de um respeito a um ideal de instituição judiciária, ao que deveria ser e não ao que é, que Lula resolveu marchar rumo à Polícia Federal naquele dia 7 de abril. Esse respeito que os próprios agentes do Judiciário não tiveram, ele resolveu sustentar, numa antecipação ética do que deveria fazer qualquer cidadão em relação às instituições, ainda mais aquele que um dia ajudou a governá-las.

No impasse entre ajudar a rasgar a Constituição e a ética, o gesto de Lula deve ser lido como uma lição de dignidade. Antes de ir, falou o que devia ao povo, consolou a todos, e mesmo assim, nos seus braços, ainda que contra a vontade de quem lá estava, ele defendeu a confiança na dignidade do aparelho judiciário. Ele não vai sair de lá e eu espero estar errada ao escrever isso.

Muitos não teriam feito o mesmo. Talvez ninguém. Eu mesma, não acredito que tivesse essa abnegação. Devemos nos colocar no lugar de Lula e pensar se não seria melhor o exílio. Mas Lula é brasileiro demais para fazer isso. É brasileiro por cada um de nós que não teríamos a mesma coragem, e nisso está seu heroísmo. Lula é, além disso, um sertanejo. E, como disse Euclides da Cunha, o sertanejo é, antes de tudo, um forte.

Penso agora no Lula, esse forte, em torno do qual se armou uma esperança muito mais profunda do que seria capaz de perceber a simples ingenuidade em relação ao Judiciário que ninguém mais tem. O Lula

SOLIDARIEDADE A LULA

que eu conheci me vem à mente. Esse cidadão com o qual tive um contato simples que me faz entender o ser humano que ele é. Um cidadão simples, o mais comum dos cidadãos, que conta histórias como nós. Uma pessoa totalmente desprovida das vaidades que cargos como o seu, ou muito menores que o seu, dão aos imbecis. Lembrei do Lula que fala de sua mãe, que fala dos filhos e das noras, que conta sobre os netos, que fala das misérias que o marcaram em uma vida sofrida. Lula não conta sobre seus amigos internacionais como já vi tantos se gabarem, Lula não conta sobre heroísmos como os poderosos gostam de fazer, Lula não fala com empáfia. O seu assunto sempre é o povo, as pessoas concretas, os feitos reais, as conquistas das coisas simples, a luz elétrica e a comida com a empolgação de quem a tenha visto pela primeira vez e tenha sido beneficiário dela.

Nunca consegui me identificar com o Lula líder popular, com o presidente e o ex-presidente, como em geral não consegue quem trabalha com a compreensão e a formação das subjetividades e os jogos de poder e violência. Sempre olhei líderes, tanto quanto as "estrelas pop", com desconfiança e senso crítico em trabalhosos processos que levaram a um olhar antropológico e ao pensamento analítico. Nunca adorei Lula enquanto figura pública, como de resto não me parece saudável adorar nenhuma figura pública. Tenho muita dificuldade pessoal de admirar afetivamente os personagens da vida pública, virtual, ou da ficção, aquelas pessoas que nos aparecem em telas, em palanques e púlpitos. Em geral, os observo e critico como se deve fazer com personagens ficcionais cujas características se deve tentar compreender. Em geral, cada um que ocupa um lugar de destaque surge em determinadas lógicas e é sempre a alegoria e a representação de outra coisa.

Não é complicado, no entanto, entender que Lula é o povo inteiro aprisionado sob as patas do fascismo de Estado, no processo de um golpe que não tem fim.

Lula é o próprio povo. A medição histórica diante de nós.

No cenário de um país colonizado e cada vez mais "neoliberalizado" como é o nosso, a presença de um personagem como Lula passa de fator de conciliação entre classes a grande perigo para as elites que usurparam o poder. O perigo é o povo, como ele mesmo apontou. Lula continua sendo um fator político fundamental, talvez o mais fundamental no contexto de uma democracia cada vez mais destruída. Preso, tentam apagar sua imagem, sua presença e sua influência sobre o povo.

O Judiciário, no papel de algoz, cumpre o script da tirania. Ditadores sempre vão preferir o sadismo de uma prisão sem crime e sem provas. É sob esse poder perverso que o povo está cada dia mais ciente do olhar com que é controlado até que resolva radicalizar a sua luta. Se tivermos eleição em 2018, podemos lutar por meio dela. Do contrário, é preciso rever e reorganizar as armas em jogo.

AS 36 HORAS QUE ABALARAM
A HISTÓRIA DO PAÍS

MANUELA D'ÁVILA*

*"E aquilo que nesse momento se revelará aos povos
surpreenderá a todos não por ser exótico,
mas pelo fato de ter sempre estado oculto
quando terá sido o óbvio"*
Caetano Veloso

As lentes mais do que sensíveis de Ricardo Stuckert, quando não estão registrando as cores, expressões e belezas dos índios do Brasil, fotografam abraços. Basta ter olhos para ver. Enquanto teve a feliz tarefa de acompanhar o presidente Lula, Stuckert fotografou milhares deles, cheios de carinho, agradecimento, cumplicidade, companheirismo.

As 36 horas de agonia que vivemos no Sindicato dos Metalúrgicos de São Bernardo do Campo foram como uma reprodução, em curto espaço de tempo, daqueles milhares de abraços que marcaram a vida de

---

* Jornalista e ex-deputada federal pelo PCdoB do Rio Grande do Sul, era pré-candidata a presidente da República quando escreveu este capítulo.

Lula. Companheiros que se abraçavam a cada reencontro, que trocavam sorrisos contritos e palavras de esperança, como quem assegura, sem dizer uma palavra sobre o assunto, que não nos abandonaríamos e em nenhuma hipótese deixaríamos Lula só.

A vida política brasileira, na qual estou imersa desde os 16 anos, me fez viver experiências fortes. Fui eleita, com 23 anos, a vereadora mais votada de Porto Alegre, na eleição seguinte fui a mais votada deputada federal, resultado que repeti nas eleições seguintes. Essa projeção, para uma mulher comunista, provocou toda uma série de pressões, despertou uma gama imensa de preconceitos, colocou-me na parede e testou minhas convicções um bocado de vezes. Fui também, por duas vezes, candidata à prefeitura de Porto Alegre em campanhas duríssimas, nas quais fiquei no alvo de ataques indescritíveis. Por tarefa de meu partido ou do parlamento brasileiro, acompanhei momentos da política internacional bastante tensos, carregados de emoção, de grandes gestos. Mas nada se assemelha àquelas 36 horas que abalaram a história do Brasil. Ter estado ao lado do presidente Lula nesse momento histórico será uma das lembranças mais fortes de minha vida.

As escolhas feitas pelo presidente Lula são cheias de significados profundos. Isso é típico de quando grandes líderes vivem momentos como esse. Quando a história produz esses momentos-chave, pessoas como Lula lançam mão de gestos cuja interpretação é sempre complexa e polissêmica.

Desses gestos todos, o mais profundo foi a decisão de transformar o Sindicato dos Metalúrgicos de São Bernardo do Campo em epicentro da resistência. Uma dimensão do ato me parece clara. Estar ali era demonstrar a todos que ele não se esqueceu de suas origens, de seus companheiros mais antigos de luta, daqueles que estiveram ao seu lado nos grandes enfrentamentos do final da década de 1970.

A escolha do sindicato também obedeceu ao objetivo de que, naquele momento catártico, todos soubessem que quem estava sendo arrastado pelo arbítrio era um trabalhador metalúrgico. Essa escolha escancarou ao mundo o caráter de expedição punitiva daquela prisão: encarceraram Lula para mostrar aos de baixo que o seu lugar não é na

AS 36 HORAS QUE ABALARAM A HISTÓRIA DO PAÍS

presidência do país, que aquele posto está reservado aos mesmos que mandam no país há 500 anos.

Lula, ao ser preso dentro do Sindicato dos Metalúrgicos de São Bernardo do Campo, desmascarou a cantilena liberal de que o capitalismo oferece um mundo aberto ao talento, uma sociedade da igualdade, na qual os mais capazes e esforçados podem tudo. Não podem. Enquanto vivermos sob a égide do capital, eles estarão sempre submetidos ao mando da classe parasitária que vive do trabalho alheio.

No entanto, o gesto não fala somente sobre o passado. Ele aponta de forma aguda para o futuro, ao fincar o papel dos trabalhadores e trabalhadoras, com destaque para os fabris, como grandes condutores de qualquer processo de transformação social.

A prisão de Lula, no lugar no qual ele começou, não aponta para uma narrativa circular, na qual o fim coincide com o início. Aponta, na verdade, para uma narrativa em espiral, na qual a volta ao começo é apenas aparente, mero ponto de empuxo para um novo fôlego em direção ao futuro.

Passei a quase totalidade daquelas horas agônicas ao lado do presidente. Vi gente de grande capacidade e experiência, pessoas que sofreram perseguições atrozes — políticos, acadêmicos, artistas, líderes dos movimentos sociais — profundamente tristes, em prantos, diante da violência que estava sendo cometida contra Lula. A cada um deles o presidente tinha uma palavra de consolo, de conforto e de fé.

Tive a oportunidade de dizer ao presidente uma obviedade, mas talvez tenha sido importante ter dito mesmo assim. Praticamente todos os grandes homens e mulheres que decidiram dedicar a sua vida aos oprimidos sofreram com o cárcere. O capitalismo não tem nada a oferecer à humanidade a não ser a opressão, a miséria e a fome e, diante da rebelião contra esses estados de coisas, as prisões são recurso costumeiro. Dessa maneira, apesar da indignação imensa que todos sentimos, os algozes de Lula são tão medíocres quanto previsíveis. Pensam que entraram para a História, mas na verdade se igualam a uma verdadeira multidão anônima de carcereiros e carrascos que povoam a História.

MANUELA D'ÁVILA

Lula, por sua vez, teve sua biografia enriquecida com o cárcere e recebeu mais uma comprovação de que, na grande luta entre explorados e exploradores, está do lado certo. Quando eles menos esperarem, como na música de Caetano que usei de epígrafe a este texto, aqueles metalúrgicos que assistiram à prisão de seu grande líder surpreenderão a todos, porque a sua vitória final, apesar de oculta, é óbvia.

EU VI AS PRISÕES DE LULA

MARIA RITA KEHL[*]

Em 1976, entrevistei o presidente do Sindicato dos Metalúrgicos de São Bernardo do Campo. Na verdade, não fui eu. Foi meu colega, escritor e repórter Murilo de Carvalho. Trabalhávamos os dois no jornal *Movimento*, de oposição à ditadura militar, ligado ao PCdoB. Fomos a São Bernardo no Fusca do Murilo, entrevistar aquele novo líder do sindicato mais poderoso do Brasil. Me lembro da voz rouca. Da mão onde faltava um dedo. E das respostas diretas, articuladíssimas, para as nossas perguntas — a maioria feita pelo meu colega, mais experiente. Lula, que nunca se considerou claramente de esquerda, praticamente nos explicou o que move a chamada luta de classes. Entendi que ela existe, e por que é chamada de luta. Entendi o papel de um sindicato — não todos, só os que recusam o peleguismo — nisso. Entendi, aliás, a metáfora "pelego", aquela manta que atenua o atrito entre a sela e o lombo do cavalo. O novo sindicalismo do ABC não existia para atenuar atritos, mas para organizar a luta.

Em 1978, Lula foi o negociador entre operários e patrões na greve da Scania — a primeira greve operária desde o famigerado AI-5, de 1968. No ano seguinte, o movimento grevista se estendeu para um

---

[*] Psicanalista, é autora do livro *O tempo e o cão* (2009).

número grande de fábricas, em todo o ABC. No dia 1º de maio de 1979, tive a sorte de ir, com amigos, à festa dos metalúrgicos. Ouvi Lula falar para 80 mil operários em greve, reunidos no estádio da Vila Euclides. Explicou, com clareza científica, as razões da greve. Não apostava na "condução das massas" e sim na politização esclarecedora. O trabalhador que entende por que luta sabe o que reivindica e luta melhor. Fiquei envaidecida de já ter estado frente a frente em entrevista com aquele líder; agora, grávida de meu primeiro filho, percebi que vivíamos um momento histórico. Em agosto daquele ano, a lei da anistia permitiria a volta dos exilados e a liberdade dos presos políticos que ainda permaneciam encarcerados. Foi o começo do fim da ditadura. O movimento operário do ABC teve papel importante para que isso acontecesse.

Em 1980, Lula fundou o Partido dos Trabalhadores, ao lado de outras lideranças operárias e um time de intelectuais progressistas de primeira linha: Antonio Candido, Sérgio Buarque de Holanda, Francisco de Oliveira, Marilena Chaui, Paulo Freire, Mário Pedrosa, Hélio Pellegrino, Lélia Abramo, Perseu Abramo. Intelectuais que não se pretendiam "condutores do povo"; ao contrário, apoiavam a criação de um partido que nascia de dentro da luta de classes.

Em 1982, fiz boca de urna para a campanha de Lula a governador de São Paulo. Perdeu, claro. O Estado de São Paulo é violentamente (em vários sentidos) PSDB. Meu filho, pequeno, usava uma camisetinha de campanha: "Minha mãe é do PT. E a sua?"

Foi preciso esperar mais 20 anos para que o país elegesse o melhor presidente de sua história. No topo da lista de propostas de sua campanha estava a promessa do Fome Zero, que veio a se desdobrar no Bolsa Família.

Estive na Paulista na festa da vitória de 2002. No discurso emocionado e improvisado — marca registrada de sua trajetória política — Lula agradeceu o apoio dos companheiros operários e, também, daquele grande time de intelectuais, alguns dos quais, à época, já falecidos. Emocionou-se, como sempre. Não ter vergonha de chorar de emoção em público é uma das marcas desse grande personagem da História do

EU VIA AS PRISÕES DE LULA

Brasil. Em seguida, em entrevista ao *Fantástico*, o primeiro presidente operário do Brasil soube como "amansar" a classe média que o temia. Sua fala foi conciliadora. No dia seguinte, esteve na Rede Globo para ser entrevistado na bancada do *Jornal Nacional*. Contou da infância pobre, chorou ao se lembrar da mãe. Para alguns, foi uma capitulação frente ao poder da maior emissora de televisão do país. Entendi como mostra de sabedoria.

Lula tinha um projeto para o Brasil. Sempre teve, desde a primeira campanha, seu "programa mínimo": *que todo brasileiro tenha o direito de comer três refeições por dia.* Hoje sabemos que, em seus dois mandatos como presidente do país, Lula e sua equipe conseguiram pela primeira vez na História tirar o Brasil do mapa da fome. Parece singelo. Para quem saiu da fome, não é. Para quem assiste, em 2018, consternado, à multidão de novos famintos a mendigar pelas ruas das cidades, também não. Por que outros governantes não propuseram algo parecido antes? Por que o governo golpista não preserva pelo menos essa política básica de defesa da vida?

Não preciso repassar aqui todos os avanços que o primeiro (e único) presidente brasileiro de origem operária conquistou para a sociedade brasileira — com grande vontade política e talento de negociador, fundamental frente a nosso Congresso pouco progressista.

Entre os grandes feitos de seus dois mandatos, penso na transposição do Rio São Francisco — sonho do sertanejo que migrou para São Paulo fugindo da seca, da fome. Parecia loucura, parecia uma utopia faraônica. Sim, era utopia: virou realidade. Os sertanejos responderam à altura — às margens dos novos braços do São Francisco, se planta e se colhe. Também poderia parecer loucura desalojar os agricultores de uma vasta região de Roraima para criar a reserva indígena "Raposa Serra do Sol". Vi o documentário na TV Brasil: ao descer do helicóptero, um presidente banhado de suor e lágrimas é recebido por um grupo de crianças indígenas que o conduz pela mão ao centro da aldeia. Anos mais tarde, ao pesquisar, pela Comissão Nacional da Verdade, as violações cometidas por grandes agricultores, com a complacência dos ditadores, contra grupos indígenas — para tomar suas terras — entendi a extensão real e simbólica da criação daquela reserva.

41

Em 2008, quando o ministro da Secretaria Especial de Direitos Humanos era Paulo Vannuchi (o mesmo que o ministro Nelson Jobim chamou de revanchista por ter defendido a criação de uma Comissão da Verdade), fui a Brasília receber, por indicação do MST e com muitos outros militantes, um prêmio nessa área, que me deixou muito honrada. Ao abraçar o presidente, disse a ele: "Obrigada pelos anos mais felizes da minha vida política". Nunca tive uma carreira política, mas foi o modo desajeitado como me expressei. No discurso que encerrou o evento, o presidente referiu-se a "uma companheira" (ele nem sabia quem eu era) que lhe agradecera pelos "melhores anos de sua vida".

Exagerado. Mas não deixa de ser verdade.

O crime de Lula foi ter enfrentado, com habilidade de grande negociador que é, o desafio de reduzir a escandalosa desigualdade brasileira.

AINDA VIVEMOS NUMA DEMOCRACIA?

TATA AMARAL[*]

São Paulo, março de 1979

Eu havia acabado de completar 18 anos. Era uma jovem militante do movimento estudantil, que estava começando a se reorganizar, e dava seus primeiros passos na luta pela democracia. Desde os 17 anos, eu vivia com meu companheiro, e agora esperávamos nosso bebê. Ele nasceria num tempo em que a democracia estava sendo reconstruída.

O movimento operário também começava a se organizar. Em São Bernardo do Campo, metalúrgicos decretaram greve por melhores salários. Seu sindicato sofreu intervenção por parte do governo da ditadura militar, que nomeou um interventor. A diretoria cassada passou a se reunir num estádio de futebol. A greve crescia. Operários resistiam.

Meu companheiro e eu, assim como nossos companheiros de militância, fomos a São Bernardo prestar apoio aos metalúrgicos. A polícia reprimiu a manifestação com bombas e cassetetes. Dias depois,

---

[*] Cineasta, dirigiu *Um céu de estrelas*, *Hoje* e *Trago comigo*.

a intervenção terminou e o presidente eleito do sindicato foi reconduzido ao cargo. Vi pela primeira vez Lula, ao longe, carregado nos braços do povo.

Minha filha nasceu em 18 de agosto de 1979, dias antes de ser decretada a anistia aos presos políticos no Brasil. Seu pai e eu fizemos votos para que ela vivesse toda sua vida num país democrático, privilégio que nenhum brasileiro havia tido naquele século por mais de 30 anos.

O pai da minha filha morreu naquele mesmo ano, pouco depois da volta ao Brasil de José Ibrahim, líder das greves operárias de 1968, após 10 anos no exílio. Ele não testemunhou a legalização das representações partidárias e a criação do Partido dos Trabalhadores. Nunca votou para prefeito, nem para governador e muito menos para presidente. Não pôde participar das passeatas e comícios por eleições diretas.

O pai da minha filha não soube que eu me tornei cineasta nem que documentei as manifestações por eleições diretas. Não soube da Constituição Federal de 1988 nem da primeira eleição para presidente por voto direto, em 1989. Tampouco soube do impeachment de Fernando Collor de Mello. Não viu a posse de Lula em 2003, muito menos soube que, oito anos depois, Lula deixou o governo com 87% de aprovação e elegeu sua sucessora, Dilma Rousseff, a primeira presidenta mulher do Brasil.

Março de 2018

Há quase dois anos, a presidenta Dilma sofreu um impeachment. Acusada de uma manobra fiscal, foi instaurado um processo aprovado pela maioria na Câmara dos Deputados. Esta maioria foi constituída por muitos deputados posteriormente acusados e mesmo presos por corrupção. Meses depois de aberto o processo, o impeachment se consumou e foi parte do processo de desestabilização da democracia no Brasil. A acusação à presidenta não se sustentava, como já foi amplamente demonstrado. Serviu para destituir uma pessoa legitimamente eleita e levar a cabo um projeto político e econômico que não obteve maioria de votos nas eleições.

AINDA VIVEMOS NUMA DEMOCRACIA?

Menos de 40 anos depois do nascimento da minha filha e dos votos que seu pai e eu celebramos, testemunhei, como milhões de outros brasileiros, nossa democracia ser ameaçada por meio do desrespeito ao voto de 54 milhões de eleitores.

Pouco antes do impeachment, tive a oportunidade de conhecer Lula. Às vésperas de sua prisão, fui convidada para participar de uma caravana que fez pelo Sul do país. Durante esta caravana, conheci os campi das universidades do interior e o fato de que as alunas são maioria. Ouvi Lula justificar o projeto: "O rico pode mandar sua filha ou filho para a capital ou para o exterior. O pobre, não. Por isto, a universidade precisa estar aqui, perto do pobre".

Conheci também alguns acampamentos e assentamentos do MST, assim como colônias de agricultores. Soube que 71% da nossa alimentação vem da agricultura familiar, no Brasil e no mundo. Vi escrito num saco de sementes: "Sementes, patrimônio dos povos a serviço da humanidade" e refleti sobre as sementes natimortas que as grandes empresas querem impor aos agricultores no mundo todo.

Ao mesmo tempo, durante a caravana, pude ver, pela primeira vez de perto, a cara feia do fascismo: um homem, num bloqueio na estrada, babava enquanto atirava pedras contra nosso ônibus. Ele parecia irreal, uma caricatura, embora a concretude das pedras que atirou no nosso ônibus tenha quebrado alguns vidros.

Após o anúncio da prisão de Lula, fui a São Bernardo do Campo. No Sindicato dos Metalúrgicos do ABC, havia milhares de pessoas. O clima era de tristeza, mas também de amor e muita solidariedade. Lula parecia confortar a todos. Ao longo dos dias e noites que se seguiram, mais e mais pessoas chegavam e as bandeiras e discursos se sucediam no caminhão montado pela Apeoesp, o sindicato dos professores do Estado de São Paulo. Achei muito representativo o fato de que a voz pública estava sendo viabilizada pelo caminhão do Sindicato dos Professores.

No dia em que Lula se entregou para a Polícia Federal, não pude estar presente em São Bernardo. Vi, pela TVT, Lula ser mais uma vez carregado nos braços do povo, após discursar no carro da Apeoesp.

Triste por ele, por mim e por nós brasileiros, ainda assim, percebi a dignidade deste homem que podia ter desistido das instituições brasileiras e ter atravessado a fronteira rumo ao exílio, em Santana do Livramento, onde estivemos durante a caravana. Bastava ele ter dado poucos passos para se exilar no Uruguai, e sua história teria sido outra. A sentença de prisão já parecia iminente. O desejo lascivo dos juízes e desembargadores já estava manifesto: uma acusação sem provas, um julgamento às pressas, uma campanha midiática sistemática de criminalização do ex-presidente e de seu partido já nos mostravam que a condenação viria a qualquer custo. Custo, inclusive, do funcionamento democrático das instituições.

Lula, porém, não deu esses passos em Santana do Livramento. Esperou a sentença que veio a jato, logo após o Supremo Tribunal Federal ter negado seu pedido *habeas corpus*, um direito garantido pela Constituição, nos mostrando mais uma vez que as instituições democráticas não estão sendo respeitadas.

Lula se entregou apesar da resistência da multidão em São Bernardo do Campo. Sua determinação em aceitar a lei brasileira, mesmo quando ela se mostra tão injusta, é admirável. Assim como seu respeito às instituições.

Este é um ano eleitoral, em que devemos escolher nossos representantes e, portanto, refletir sobre o país onde queremos viver. Lula é, disparado, o preferido nas intenções de voto e está preso, injustamente acusado. Eu penso novamente nos desejos que o pai da minha filha e eu fizemos quando ela nasceu: será que ainda vivemos numa democracia?

A PRESENÇA DO MISTÉRIO EM SÃO BERNARDO

ALDO ZAIDEN[*]

Ele se atomizou e implodiu a todos. Repito, a ele e a todos. A energia foi gigantesca. Imanência e emanência nuclear. E tudo vibrava mesmo, de tocar e dar choque. Energia nuclear.

Eu não sou místico, mas alguma coisa muito mística, muito além do Lula, aconteceu em São Bernardo do Campo naquele sábado.

Atravessou um trem no meio da cidade, que atravessou a cada um ali. Um pau-de-arara vindo do sertão, que virou uma locomotiva carregada de minério, para depois ser aço e carro no corpo de todos os presentes. Metalúrgico. E foi de verdade. Foi uma mistura de sentimentos, um bololô em ondas fortes, peitos batendo e vozes que não saíam das gargantas. Simplesmente não saíam. Era assim, foi assim.

Daí berros, berros cortantes e vigorosos como de recém-nascidos. E, no fim, era ele quem estava, desde o início, ao mesmo tempo acalmando a turba e chamando para a luta, para a briga. Dali, daquele palco,

---

[*] Psicanalista, membro do coletivo "Precisamos Falar Sobre o Fascismo", mestre em Ciências Sociais pela UnB.

iria para a cadeia, em coisa de minutos. Um preso falando. Passei a entender por que algumas vozes não saíam mais, estavam presas já. Desceria a escada do caminhão, e, pêi: xilindró.

Era morte e era vida. E era ali. Não tinha texto grego. Não tinha Homero, Shakespeare, Marlowe. Até pensei no Leon Hirszman e no Gianfrancesco Guarnieri encenando o drama das grandes greves nos palcos e no cinema. Nada dava conta. Afora a política toda e suas inconfessáveis negociações, algo muito maior estava sem qualquer máscara ou era encenação. Estava acontecendo uma verdade. Era a esposa sendo chorada pelo padre operário, a homilia pensada pelo irmão Gilberto Carvalho e ele, Lula, querendo uma música apenas, "Asa Branca", a canção do casal.

Do casal? Um hino do Brasil dos Lulas. "Quando o verde dos teus olhos / Se espalhar na plantação". Lembrei de meu pai, que acha essa estrofe uma das mais lindas, e pensei na minha avó, mãe do meu pai, baiana de Santa Rita de Cássia, que nos deixou há dois anos. Lembrei também que tivemos um dia um ministro da Cultura que dizem que é um orixá, o Gilberto Gil. Quis cerveja nessa hora. Achei.

Era ele indo para a cadeia. Eram os medíocres, eram os fascistas fazendo isso. Era a mentira operando. Estávamos todos lá associados à escória. Eu, que nem batizado quando nasci fui, via a cruz na batina do padre operário e na pregação da pastora, e escutava os berros das pessoas pedindo para ele resistir, com olhar temente a Deus. Olhava para o Suplicy sendo atendido por médicos, olhava para o Haddad e para o cenário paradoxal do apocalipse que fazia morrer e, ao mesmo tempo, nascer algo.

Acho que todos de fato viraram Lula em São Bernardo naquele sábado. Estamos todos indo para a cadeia, estamos todos nos sentindo muito mal, injustiçados. Empatia, entender o sofrimento do outro; simpatia, sofrer junto ao outro. Missa-Culto-Comunhão. Mãos dadas.

Não existe parto sem dor, nem vida sem parto. Era dramático como é um trabalho de parto. Sangue, placenta, berros e dor. Havia risco. Foi a fórceps!

A PRESENÇA DO MISTÉRIO EM SÃO BERNARDO

Olhava para aquela sede. O útero-sindicato estava lá. Dali nasceu algo. Dali nasceu muita coisa que foi inscrita na Constituição. Dali nasceu o EU do homem mais potente que este Brasil produziu. E ele, frágil e forte, correu para o ninho, para debaixo da asa dos amigos, para o boteco onde bebia com eles. Somente da fonte sairia para a escuridão. E a polícia, os algozes carcomidos, os Pôncio-Moro, lá, babando, no cio.

Começo a olhar para o céu. Começo a achar que o épico está ali mesmo. Questiono minha psicose. Questiono minha individualidade. Pergunto se estou dissociando. Deixo-me ir? É possível mesmo isso estar acontecendo assim? Não seria um palco grego? Uma tourada? Quem escreveu esse enredo? Se eu pego, vai ter de apanhar!

Juro vingança. Blasfemo. Retiro. Peço perdão. Começo a entender o processo de morte e vida ali. Começo a ver algum tempo e alguma transitoriedade nesse lugar.

Corte: domingo, São Paulo.

Sigo descerebrado. Drummond: "domingo descobri que Deus é triste. É infinita a solidão de Deus sentado ao lado de… Si". Um pai totêmico que se vai, deixando o trono vazio, solitário como um elevador quebrado em um dia de domingo. São vários cantores de lamento e a Mercedes Sosa cantando *Balderrama* desde cedo. E o Gonzaga, *Assum Preto* — pássaro na gaiola.

Uma cela em Curitiba e fogos em São Paulo. Foguetório do desprezo. A saudade antes trazia fogos, uma canção antiga lembra. Era assim que se comemorava quando alguém voltava em muitos lugares Brasil afora. "A barulheira que a saudade tinha". Maria Bethânia cantando ao lado da mãe. Agora é a barulheira do desamor. Foguetório do desprezo.

Corte: voltamos ao sábado, São Bernardo.

Mas sim, houve transe naquele sábado… muitos desmaios. Após falar, dizer que havia se transformado em ideia, Lula vai carregado pelos recém-nascidos até o sindicato-útero, fazendo-se carne para o banquete dos filhos. Faz-se alimento e deixa vago o trono. Tragédia absoluta! Luz e terror!

Eu tremia, não conseguia foco para as fotos que tentei fazer daquele deleite antropofágico. Me preocupei em me alimentar, vejo. Ainda bem.

Findo o banquete, um berro vem de dentro ao fecharem as portas do sindicato! MÉDICO! MÉDICO PARA O PRESIDENTE! Era um pico de pressão. Era o Mercadante desesperado. E foi um pico de pressão. Minhas pernas não seguraram. Ajoelhei sem querer, minhas pernas bambearam mesmo. Uma mulher me ajudou a levantar. Ela estava fraca de lágrimas. Nos abraçamos muito órfãos. Somos Lula. Ele se deixou devorar.

NOTA DE RODAPÉ PARA UM ESCRITO ORIGINAL

AMNÉRIS MARONI [*]

Um dia após a prisão de Luiz Inácio Lula da Silva no Sindicato de São Bernardo e depois de uma noite mal dormida, Aldo Zaiden se viu obrigado a produzir o texto anterior. Em seguida, publicou-o no Facebook. Em pouco tempo, o escrito viralizou, com milhares de compartilhamentos. Os depoimentos em torno dele davam mostras de que Aldo soubera traduzir para todos o "clima emocional" naquele fim de tarde de sábado, dia 7 de abril. Um dos comentários à postagem assim dizia: "E a onda de energia chegou até àqueles que não estavam em São Bernardo, mas falavam com os amigos pelo telefone, recebendo fotos, filmagens, acompanhando cada instante, sendo afetados na borda da onda, sorrindo e chorando, também recém-nascidos"...

O que mais me encanta no escrito de Aldo Zaiden é o batismo de fogo. Explico-me: quando ele o escreveu, me perguntou um pouco assustado: "O que aconteceu comigo? Com todos nós que estávamos lá?" Senti também o que Aldo escreveu, me emocionei, me deixei afetar, participei da incrível corrente de energia que nenhum escrito jornalístico

---

[*] Psicanalista e professora de Antropologia da Unicamp.

e/ou acadêmico poderia alcançar. Só um escrito poético, escrito a partir de mil vozes em algaravia poderia.

Em alguns momentos históricos, os que de fato importam, os muito significativos, abre-se essa possibilidade de que mil vozes se manifestem através de uma. Como diz Guy van de Beuque, "através dos poetas, os poemas chegam no mundo, mas o poetar e a poesia são anteriores a cada poeta" (BEUQUE). É claro que tudo que aconteceu em São Bernardo tinha e tem a ver com a história pessoal de Aldo Zaiden, mas, definitivamente, não é a história pessoal dele que está no seu escrito. Ali, o poeta surgiu, nasceu da corrente de afetos e emoções e, através dele, o poetar pode se expressar então em mil vozes... O escrito de Aldo tem a potência que tem por que ele se deixou atravessar e acolheu afetos contraditórios, desarmônicos, desfalecentes, extremados.

Este poetar se abriu para todos que lá estavam — e também para os ausentes antenados no instante — ainda que não tenhamos sido convocados a escrever poeticamente. Para todos, o poetar estava lá como uma nova dimensão da realidade. Os egos de todos que estavam presentes perderam suas bordas, as fronteiras cederam entre o interno e o externo e... mergulhamos todos no poetar, vivemos todos uma outra realidade, muito além da realidade compartilhada, com as suas fronteiras regradas e seus egos bem contornados. A realidade cotidiana, que vivemos no dia a dia, foi-se pelos ares, deu lugar a uma outra realidade, a realidade do poetar. O poetar ficou ainda gritando por muito tempo em nós e jamais se calará, fará doravante parte, na sua significação, de uma dobra revolucionária da realidade compartilhada.

O gesto desesperado e ignorado de uma revolta de escravos, os gestos e palavras dos injustiçados, sabemos disso, abrem essa outra realidade do poetar e, uma pergunta não quer calar: será que o ódio, o foguetório do desprezo, também abre esse outro campo, essa outra realidade? A resposta é NÃO! O ódio reforça o narcisismo e, então, fecha essa outra realidade que se abriu para quem estava em São Bernardo. O ódio separa, a união pelo ódio quebra as regras do contrato estabelecido na realidade compartilhada e remete aqueles que o cultivam para escondidas e solitárias cavernas de vingança.

NOTA DE RODAPÉ PARA UM ESCRITO ORIGINAL

Gilbert Simondon, filósofo francês e precursor da filosofia contemporânea, no seu livro *A individuação*, escreve sobre temporalidades revolucionárias e criativas que jamais se perdem porque nos tocaram. Nomeia-as transindividuais. Nelas, como diz Simondon, o sujeito — no nível afetivo-emotivo – implementa a "ascensão do indeterminado em direção ao presente, que vai incorporá-lo ao coletivo" (SCOTT, 2014). Com isso, uma nova temporalidade e também uma nova espacialidade são criadas, ambas associadas à individuação do indivíduo e do coletivo. O transindividual que está a nos arrebatar já há algum tempo no Brasil, desde o impeachment da presidenta Dilma Rousseff e cada vez com mais força, após o assassinato de Mariele e a prisão de Luiz Inácio Lula da Silva, está fazendo história: transformando-nos, individuando o coletivo, e tecendo caminhos que orientam a nossa ação pelo afeto e pela emoção, dando-nos vislumbres do mistério da nossa existência.

REFERÊNCIAS BIBLIOGRÁFICAS

BEUQUE, GuyVan. *Experiência do nada como princípio do mundo*. Rio de Janeiro: Mauad, 2004, p. 64.

SCOTT, David. *Gilbert Simondon's psychic and collective Iindividuation*: a critical introduction and guide. Edinburgh, 2014, p. 76.

OS DIAS DE SÃO BERNARDO DO CAMPO

ANTONIO CARLOS SOUZA DE CARVALHO[*]

(...) Mas tão habituado com o adverso

Eu temo se um dia me machuca o verso

E o meu medo maior é o espelho se quebrar

João Nogueira

Lula, o povo, as flores, o Sindicato, a emoção e a prisão iminente somam sentimentos de uma vida toda. Uma foto de um garoto de 18 anos que ganhou o mundo. Isso não é obra do acaso. Aquela foto significa tantas coisas que não é possível criar uma única explicação para o que Francisco Proner viu naquele momento. Foram os olhos de um jovem, no início de sua vida adulta, que de fato enxergaram aquele momento.

---

[*] Advogado, formado pela Faculdade de Direito da USP, filiado ao Partido dos Trabalhadores e consultor do grupo de conjuntura da Fundação Perseu Abramo.

OS DIAS DE SÃO BERNARDO DO CAMPO

O que teria passado pela cabeça do menino? Estava apenas procurando o melhor ângulo? Teria pensado que sua foto correria os grandes jornais do mundo no dia seguinte? Como achou a beleza numa hora tão triste?

Cheguei ao sindicato dos metalúrgicos do ABC na quarta-feira, dia 4 de abril de 2018, logo pela manhã. Aquele dia seria marcado na História como o dia em que mais uma vez o Supremo Tribunal Federal optou por se acovardar, negando o direito certo do *habeas corpus* ao líder de todas as pesquisas de intenção de voto no Brasil.

O clima era de esperança. Mais uma vez, de esperança em um lugar do qual não podemos esperar. O Judiciário é feito para ser um poder sem povo. Gerado, não criado, por vias indiretas, que estranhamente sempre acabam escolhendo os mesmos sobrenomes, brancos, de elite, e que falam todas aquelas palavras que ninguém entende.

Eu me lembro de umas das minhas primeiras aulas de direito, quando um professor disse que havia uma "crise dos paradigmas epistemológicos do estado de direito". E lembro que nunca tive a coragem de assumir que de todas as palavras daquela frase, eu só sabia mesmo o significado da palavra crise.

E sabia porque até aquele momento o reconhecimento da palavra crise aparecia na cozinha de casa. Sou branco, sou homem, mas não sou da elite. Faltou esse item para completar a trinca de ouro do privilégio brasileiro. Não que os outros dois itens não tenham feito de mim um privilegiado. Mas a falta do termo elite muda muita coisa.

Porque, se você vier da elite, você não precisa fazer absolutamente nada para ter orgulho de si mesmo. Quando a pessoa não é da elite, existe um espaço em branco na certidão de nascimento, escrito: pendente de aprovação. E, muitas vezes, a vida dos milhões de Silvas, de Carvalhos, de Santos, se resume a procurar o tempo todo o carimbo: "aprovado". Enquanto esse carimbo não vem, a realidade da vida é a crise. É financeira, de identidade, de honra, de qualquer coisa. A vida é uma crise para quem não tem privilégio.

ANTONIO CARLOS SOUZA DE CARVALHO

De certa forma, parece que todos nós procurávamos uma chance de a elite que ocupa o Judiciário carimbar a certidão de nascimento de Lula com mais um "aprovado". Digo mais um porque ele teve alguns carimbos importantes na vida: do povo brasileiro, duas vezes, das dezenas de títulos de *honoris causa* que recebeu nas universidades mundo afora, e até do presidente dos Estados Unidos.

Não foram poucas as pessoas importantes que avaliavam que o Supremo poderia dar a liberdade de que Lula tem direito. Lideranças políticas, vários advogados de renome, deputados, senadores, e até mesmo pessoas com bastante trânsito no STF faziam coro a essa sensação.

Eu mesmo achei que era possível. Sabia que Rosa Weber já tinha se posicionado de maneira contrária à execução provisória de pena após a condenação em segunda instância. O que eu não sabia naquele momento era que essas razões jurídicas todas, somadas àquela atmosfera de esperança emanada por parte de nossas lideranças, que tomou conta de mim também, eram na verdade uma tentativa desesperada de buscar expectativa de onde nunca pudemos esperar.

Não tem juiz dando sentença para falar que o Brasil vive um golpe de Estado. Não tem juiz dando sentença para falar que a nossa sociedade é machista, racista, desigual, opressora, homofóbica, escravocrata e governada pelo dinheiro. A luta é do povo. E o povo jamais poderá esperar o poder Judiciário. A "voz das ruas" no processo judicial é uma piada de péssimo gosto para justificar outro jeito de perseguirem com a lei.

Mas eu não estava pensando nisso quando a sessão da vergonha começou no STF. Já havia alertado as pessoas próximas que o começo seria tenso. A tendência era que os três primeiros votos seriam contrários ao HC, e que a situação da Rosa Weber ao ser o primeiro voto divergente era muito difícil. Aí o Gilmar Mendes pediu para votar antes. E instaurou a divergência. A nossa ansiedade por algum ímpeto de restabelecer a justiça para Lula nos fez achar que aquilo era um bom sinal.

Ainda durante o julgamento do HC de Lula no STJ, uma pessoa me disse que assistir àqueles votos era igual a assistir ao vídeo do jogo

OS DIAS DE SÃO BERNARDO DO CAMPO

Brasil x Alemanha em 2014 e esperar um resultado diferente. A gente sempre vai assistir, não vai entender nada do que está acontecendo e no final vai chorar com o resultado.

Foi no bar da Rosa, ao lado do sindicato, onde Lula almoçou e bebeu cachaça tantas vezes, que assisti ao voto de Gilmar Mendes. Foi de lá que ouvi um tucano-juiz falar mal do herói brasileiro José Dirceu. Foi de lá que lembrei do Dirceu, do Genoíno, do Vaccari, do Gushiken. Essa lembrança me apertou o peito. Quantas vezes esperamos a justiça para esses homens justos e ela simplesmente não chegou?

Será que não esperamos demais? Será que não vimos tantos tombamentos políticos desde 2005 e ficamos quietos demais? Será que não defendemos pouco? Quando uma injustiça é promovida e executada por aqueles que detêm a espada nas mãos, o povo morre mais um pouco. Pois é. Tinha chegado a hora de Lula.

Voltei para o sindicato. Conversei com as pessoas sobre a história do PT, sobre amenidades, tomei uma cachaça com amigas do Sindicato dos Bancários. Decidimos continuar tentando assistir ao julgamento. Enquanto Barroso votava, conversei com um grupo de companheiros, entre eles, Fernando Haddad. Até demos algumas risadas. Estávamos animados.

Depois do voto do Barroso, que durou uma eternidade, começaria o voto da Rosa Weber. Era o momento crucial. Eu não precisei ouvir nenhuma palavra dela para entender que mais aquela esperança era em vão. Passam dois ou três dirigentes tensos. Orientaram todo mundo para se concentrar no salão do terceiro andar do sindicato. Peguei minha mochila e subi até onde estava o telão que transmitia o julgamento.

Um diretor do sindicato (Barroso ainda votava) subiu no palco e pegou o microfone. Disse que todo mundo já sabia o final daquele voto. E que era para todo mundo aguardar que viriam orientações. Voltou o som da transmissão. As pessoas foram se concentrando lá. Achei que o Lula ia aparecer para falar. Quando Rosa Weber começou a falar, cortaram o som de novo. Era o sinal. Já sabiam que o HC seria negado.

57

Corri para a beira do palco e encontrei o Gilmar Mauro, do MST. Perguntei para ele o que estava acontecendo e por que tinham desligado o som. Ele não disse nenhuma palavra e me olhou. Sem nenhuma palavra, uma das maiores lideranças sociais do Brasil me avisou que mais aquela injustiça estava feita.

Fui para o canto e chorei. Na quinta, dia 5 de abril, fiquei em casa. Parecia que precisava juntar forças para o que estava por vir. No final da tarde, ouvi um grito de um vizinho paneleiro que ainda tem coragem de gritar: chupa Lula. Não precisava, mas quis confirmar: era a ordem de prisão. Rapidamente arrumei as minhas coisas, coloquei uma muda de roupa na mochila e fui para São Bernardo.

Quando cheguei, o clima já era outro. A tensão do ambiente que marcaria as 48 horas seguintes já estava presente. Não foram raros os bate-bocas naquele segundo andar que abrigava o maior líder popular da História do Brasil, às vésperas de sua prisão. Todo mundo parecia ter uma tese. Voltaram a falar para o Lula que ele devia pedir asilo político em uma embaixada. Falaram para ele não se entregar. Falaram para ele se entregar.

Nesses dias, várias pessoas foram barradas na entrada do segundo andar. Líderes choraram. Lula manteve a calma. Só ficou bravo uma vez porque não conseguia andar em paz sem ser abordado por pessoas que queriam tirar fotos com ele. Eu não consigo entender como uma pessoa quer tirar uma foto numa hora dessas.

Na quinta à noite começamos a transmissão (pelas redes sociais do PT e da Fundação Perseu Abramo) das manifestações na porta do Sindicato e de entrevistas das lideranças que foram prestar a sua solidariedade. Fiquei ao vivo em horas tristes da minha vida. Só pensava que não podia chorar. Falei milhares de vezes que aqueles dias não iriam acabar. Que aqueles dias só terminariam quando Lula estivesse em liberdade. Não tive coragem de perguntar para nenhuma liderança se ele se entregaria ou não. Acho que nem eles sabiam o que estava para acontecer.

Da varanda do segundo andar, vi um caminhão parando na frente do sindicato. Descarregaram tapumes, um fogão, alguns armários e

OS DIAS DE SÃO BERNARDO DO CAMPO

mantimentos. Estava montada uma cozinha do MTST que alimentaria as pessoas que ali ficariam até sábado à tarde.

Foi logo depois disso que o Lula saiu para cumprimentar as pessoas que estavam no saguão do segundo andar. A orientação era para que não o filmassem, porque ele não queria. Filmaram. Briguei com as pessoas que estavam filmando. Chorei. Ele esticou a mão para mim, eu sorri.

Na sexta, a tensão aumentou. O acesso ao andar onde estava o presidente estava ainda mais controlado. Várias portas estavam lacradas. Teve uma pequena confusão na grade. O Suplicy ficou no meio do empurra-empurra. Chamávamos deputados e lideranças do partido para participar da transmissão. Muitos não quiseram ir até o estúdio improvisado porque tinham medo de sair da área restrita e não conseguir voltar.

Aconteceram muitas reuniões. Teve a reunião dos parlamentares, dos advogados, dos movimentos sociais. Eu estou até hoje tentando descobrir o que essas reuniões decidiram. Eram dezenas de pessoas discutindo o que um homem deveria fazer depois de ter se deparado com mais uma injustiça em sua vida.

Mas o que mais me marcou nesses dias foram as minhas conversas pelo WhatsApp com meu pai. Na quinta, ele me falou: "No tempo de criança tive medo de ser bombardeado, só não entendia que era a vida toda, mas assim como o Lula, estamos em pé".

Na sexta, ele disse: "o maior problema do Lula é que só tem direita pra julgar ele, cada um mais bandido que outro". Eu respondi que "só tem direita pra julgar qualquer pessoa nesse país". Ele me respondeu: "inclusive a chance de cada um na vida".

Essas palavras significam tanta coisa que até hoje estou tentando processar. O meu pai é filho de uma família pobre. Na infância não foram raros os momentos de dificuldades severas. Faltou comida. Esse era o bombardeio de que ele tinha medo.

Eu me lembro de ter entendido a definição de honra no velório do meu avô. Estava nos olhos do meu pai. Tristes, mas de uma convicção profunda. Ali estava sobretudo uma lição de dignidade. Aquele homem que já havia deixado a vida encontrou todo tipo de dificuldade que um trabalhador pobre pode encontrar. E lutou pela sobrevivência até poder descansar. Com baixa escolaridade, foi lavrador, pedreiro e motorista. Viveu o preconceito, a pobreza, e deixou uma enorme lição de honra e dignidade. Essa história é a história da maioria das famílias brasileiras. Não tem nenhuma distinção. Isso não dá o carimbo de aprovado para ninguém. Mas pode mostrar que esse carimbo não é necessário. Só que nunca vão nos deixar incólumes por pensar assim.

Lula é a trajetória de milhões de brasileiros. Só que ele virou o maior presidente que o Brasil já viu. Poderia ter sido o meu avô. Poderia ter sido o meu pai. Lula inverte a ordem do julgamento da chance das pessoas na vida. E no direito, a inversão da ordem é crime.

O sábado no sindicato foi diferente. Escolhi não entrar no prédio e ficar na rua. Os olhos das pessoas carregavam aquela honra. Esses olhares são revolucionários. Eu já sabia que Lula falaria dos nossos governos, de andar com as nossas pernas, de pensar nas nossas cabeças, e que ele era uma ideia.

Mas eu não sabia que esse discurso dele é um jeito muito sofisticado de nos avisar que não é preciso o carimbo de aprovado. Que é um jeito de se desdobrar em nós. De se espalhar no mundo. De garantir que ele nunca será realmente preso. A potência humana ganhou nova dimensão.

É muito difícil terminar este texto com uma mensagem de esperança. A gente aprende que é preciso terminar textos "para cima". Mas a verdade é que essa prisão consagra a injustiça estrutural que constrói a história do povo brasileiro. Estão batalhando para destruir todo simbólico que deu capacidade transformadora para a classe trabalhadora.

A epígrafe desse texto era um recado. De tão habituado com o adverso, o verso hoje me machuca. No entanto, o maior medo é de que o espelho se quebre. Não há crime ou perseguição que seja capaz de tirar o olhar de honra e dignidade que pessoas justas podem carregar. Desse jeito, a quebra do espelho é uma questão de escolha.

OS DIAS DE SÃO BERNARDO DO CAMPO

Sabe quando a gente está em silêncio e fica uma paúra dentro da gente? Dá para ficar quieto quando a gente já está em silêncio? O espelho não vai quebrar. Pega o pedaço do Lula que está dentro de você e vai em frente.

UMA, DUAS OU TRÊS ROSAS

CAMILO VANNUCHI*

A notícia chegou por WhatsApp às 18h06:

Moro determina prisão de Lula.

Cliquei no link, sem parar de andar, um olho na tela, outro na calçada.

Lula tem até as 17h de sexta-feira (6) para se apresentar voluntariamente à Polícia Federal em Curitiba.

Era o anúncio da consumação do golpe. Mais um. O juiz do Paraná cumprira a promessa. A ansiedade era tanta que ele, Sérgio Moro, não esperou nem 24 horas para decretar a prisão do arqui-inimigo. Um pedido de *habeas corpus* do ex-presidente havia sido negado no STF naquela madrugada.

Deixei escapar um sorriso nervoso ao notar a palavra "voluntariamente" no subtítulo. Imaginei o Lula saltitante, com boné do MST e isopor no ombro, em direção ao xilindró. Nossa imprensa é um barato.

---

* Jornalista e biógrafo, prepara uma biografia da ex-primeira-dama Marisa Letícia Lula da Silva com lançamento previsto para 2019.

UMA, DUAS OU TRÊS ROSAS

A defesa tentou evitar a prisão de Lula com um habeas corpus *preventivo no Supremo Tribunal Federal, mas nesta quinta-feira (5) o pedido foi negado pelos ministros.*

Li a matéria enquanto andava. Subi as rampas da PUC de São Paulo em direção à sala 333. Ali, dentro de uma hora, debateríamos o papel da mídia no golpe de 2016. É esse o tema do livro "Enciclopédia do Golpe vol. 2", do qual sou um dos autores. E coube ao departamento de Ciências Políticas da PUC o convite para que fôssemos lançar o livro e abrir oficialmente o curso de extensão universitária "O golpe de 2016 e o futuro da democracia no Brasil", um dos mais de 30 oferecidos com o mesmo título em universidades brasileiras desde o mês anterior.

A defesa do petista, contudo, ainda pode apresentar um último recurso ao TRF-4, que não tem, porém, o poder de reverter a condenação. (...). No despacho, Moro afirma que tais recursos são "patologia protelatória".

Que dia para abrir um curso sobre o golpe e discutir o papel da mídia... Agora, estávamos ali, garimpando palavras para falar do livro e da conjuntura. Maria Inês Nassif, jornalista, alertou-nos que, ao registrar a história destes dias no futuro, não poderá o pesquisador confiar nos acervos dos jornalões. O que eles mostram não corresponde à verdade. Rodrigo Vianna, historiador, lembrou que a tragédia vira farsa quando, repetindo 1964, editoriais celebram as medidas de exceção como se fossem a apoteose da democracia. Mirian Gonçalves, advogada e ex-prefeita de Curitiba, reconstituiu a trajetória de Lula, os trunfos de seus dois governos, a perseguição contra ele e sua família, as medidas de exceção que sustentam as violações de direitos, e chorou.

Lula é acusado de receber o triplex no litoral de SP como propina dissimulada da construtora para favorecer a empresa em contratos com a Petrobras.

Afastei as anotações que trazia comigo, feitas na véspera, e voltei a 1986. Numa noite de outubro, a poucas semanas da eleição de 15 de novembro, estive na casa de Lula e Marisa. Era um pequeno sobrado de esquina, financiado pela Caixa, no Jardim Lavínia, próximo à Rodovia Anchieta. Somando os dois andares, a área não chegava a 100 metros quadrados. O casal dividia os três quartos com quatro moleques: o mais velho de 15 anos, o mais novo de 1 ano e meio. Já era tarde quando meu pai saiu com o dono da casa. Aquele que viria a ser o deputado mais votado do Brasil naquele ano tinha uma última agenda a cumprir. Marisa garantiu a meu pai, assessor de Lula, que não precisaria se preocupar: eu ficaria com ela, brincando com Sandro. Em seguida, colocou pão de forma, queijo e presunto em cima da mesa e pediu a Marcos, o filho adolescente, que preparasse Tostex para todos. Aos 6 anos, eu não sabia muito bem quem era aquele pessoal. Sei que a mulher ofereceu um segundo sanduíche, mas eu já estava satisfeito.

Naquele ano, diziam muita coisa. Diziam que Lula morava numa mansão no Morumbi, um bairro nobre de São Paulo, e não naquele sobrado no Jardim Lavínia, um bairro operário em São Bernardo. Diziam que ele tinha uma casa de veraneio no Guarujá. Mais tarde, em 1989, diriam que Lula entraria nas casas das pessoas para confiscar uma televisão de quem tivesse duas. E confiscaria a poupança. E que tinha oferecido dinheiro para uma namorada provocar um aborto. E que o PT estava por trás do sequestro de um empresário renomado, o Abílio Diniz. Meu tema naquela noite, a profusão de fake news, mostrava-se atemporal.

Confirmada a condenação e encerrados os recursos na segunda instância judicial, Lula fica inelegível pela Lei da Ficha Limpa.

Terminada a aula inaugural, por volta das 22 horas, bati o olho novamente no WhatsApp. O Partido dos Trabalhadores convocava a militância para ir à porta do Sindicato dos Metalúrgicos do ABC. O ex-presidente passaria a noite ali. Jornalistas haviam seguido das redações direto para lá. Comi um sanduíche e fui também. Cheguei por volta da meia-noite e encontrei um cenário triste, de angústia e desolação. Um casal montava uma barraca. Um grupo de jovens assava um churrasquinho de gato. De uma caixa de som, escapava um forró. Fazia frio. Circulei, conversei aqui e ali, combinei o retorno no dia seguinte. Cheguei em casa às quatro da madrugada, com fome de Tostex.

Sexta-feira, 6 de abril

Estacionei a 500 metros da Rua João Basso. Estava sozinho, introspectivo. Ainda de longe, comecei a ouvir os discursos que brotavam do

UMA, DUAS OU TRÊS ROSAS

sistema de som. Vez ou outra, a voz do orador era abafada pelo som das hélices de dois helicópteros que sobrevoavam o Sindicato. Olhei para cima enquanto andava. Estavam a serviço de emissoras de televisão. Foi como se, mais uma vez, o passado se apropriasse do meu presente.

Agora, estávamos em abril de 1980, no estádio municipal da Vila Euclides, ali mesmo em São Bernardo. Greve de metalúrgicos, dezenas de milhares de operários presentes à assembleia num campo de futebol.

No alto, dois helicópteros riscavam o céu. Eram helicópteros do Exército. Nas portas, soldados empunhavam metralhadoras apontadas para a massa. Opressão contra resistência pacífica. Se um único disparo fosse feito, o que poderia acontecer? Naquele dia, Marcos Cláudio Lula da Silva, antes mesmo de se chamar Lula da Silva, voltou para casa impressionado e, aos 9 anos de idade, desenhou um daqueles helicópteros do Exército. A *IstoÉ* de Mino Carta publicou.

Marisa contava com tristeza do impacto da prisão do Lula na vida de Marcos, o primogênito. Em 1980, Fábio tinha 5 anos e Sandro tinha 1. O bicho pegou mesmo foi para o Marcos. Aos 9 anos, sofreu bullying na escola, duas décadas antes da popularização da palavra bullying: "Teu pai está preso porque é bandido. Se fosse honesto, não estava preso". Marcos ficou quase dois meses sem ir à escola e precisou repetir o ano.

Quando o juiz de Curitiba autorizou as operações de busca e apreensão no apartamento de Lula e Marisa e nas casas dos filhos, em 2016, era inevitável que tudo aquilo voltasse. O fantasma do Dops, o fantasma do helicóptero... Marisa não se conformava, jamais se conformou. A porta da casa do Sandro foi arrombada, com ele e a esposa dentro. Deixaram o batente quebrado. Esvaziaram o freezer para ver o que tinha dentro. Enquanto Lula era levado para depor no aeroporto de Congonhas — uma das 227 conduções coercitivas determinadas por Moro no âmbito da Lava Jato antes de o STF julgar a ferramenta inconstitucional — policiais levaram os tablets usados por Pedro e Arthur, seus netos. Ambos os dispositivos foram recuperados apenas um ano depois, após requisição dos advogados da família. O tablet do Arthur voltou quebrado.

As imagens dos helicópteros de 1980 foram registradas pelas lentes de Ricardo Malta, da Agência F4, entre outros fotógrafos. Trinta e oito anos depois, saquei o smartphone e registrei os helicópteros de 2018. Havia pouca diferença entre aquelas imagens tão distantes no tempo entre si. Do alto, a transmissão feita pela *Globonews* e reproduzida no *Jornal Nacional* nos atingia a todos com a mesma violência das metralhadoras apontadas para a multidão no estádio da Vila Euclides — hoje Estádio Primeiro de Maio, sede do São Bernardo Futebol Clube. A qualquer momento, as câmeras suspensas deflagrariam tiros letais, como os tantos disparados contra nós ao longo de todos esses anos. Bastaria ajustar o calibre-diafragma, definir o gatilho-obturador, escolher a teleobjetiva mais adequada para os tiros de longo alcance. O bombardeio entraria ao vivo, em horário nobre. Sem silenciador.

Às 17h, expirou o prazo estabelecido por Moro para que Lula se apresentasse na Polícia Federal de Curitiba. Voluntariamente. O presidente preferiu permanecer no Sindicato, aquartelado com seus companheiros, cercado por admiradores. Imediatamente, a imprensa passou a tratá-lo como refugiado, fugitivo. O povo que cercava o Sindicato, atendendo à convocação em nome da democracia, tratava-o como um resistente, o cabra disposto a liderar a insurreição. "No, no, no nos moverán", cantava Joan Baez. "Não se entrega", imploravam as ruas. Lula precisava de mais um dia.

Sábado, 7 de abril

Era para ser um dia de festa. Foi num 7 de abril, 68 anos atrás, que Dona Regineta deu à luz pela décima vez. Agora, pelo segundo ano consecutivo, a aniversariante estava impedida de dar palpite, decidir o cardápio ou meter o bedelho na seleção musical. Mesmo assim, houve quem jurasse ter visto Marisa por ali, ao lado de Lula no trio elétrico, ouvindo os discursos, prestando atenção. Mais tarde, sussurraria algo no ouvido dele, uma crítica, uma bronca, uma opinião.

Lula tinha pedido uma missa. Dom Angélico Sândalo Bernardino veio da Vila Brasilândia para cuidar da liturgia. Foi preciso trazer um caminhão de som e adaptar a cerimônia à ocasião. Altar virou palanque, palanque virou altar.

UMA, DUAS OU TRÊS ROSAS

Por volta do meio-dia, Lula pegou o microfone para seu discurso final. "A antecipação da morte da Marisa foi a sacanagem que a imprensa e o ministério público fizeram com ela", acusou. Mais adiante, confirmou o que muitos temiam. Explicou que iria cumprir o destino que lhe fora designado pelo juiz de Curitiba. Lula sabia que a propalada resistência sucumbiria por falta de estratégia. Suponhamos que eu não me entregue: o que fazemos amanhã? Qual o próximo passo?

Lula travou, como sempre, o bom combate. Cercou-se dos melhores. Trouxe o adversário para seu campo de batalha. Substituiu a imagem de um condenado cabisbaixo e solitário, ansiosamente aguardada pelo *Jornal Nacional* e pelas revistas semanais, pela imagem de um ícone, um líder de massa carregado nos ombros, exaltado em prosa e verso. Por dezenas de vezes, num ritual interminável, animou aqueles que vinham até ele de olhos mareados. "Coragem!", ecoava nas ruas de São Bernardo o mantra intuitivo de Dom Paulo Evaristo Arns. Coragem!

Marisa não assistiu à segunda prisão de seu marido. Um acidente vascular cerebral a exonerou em 3 de fevereiro de 2017. O mínimo que Lula poderia fazer em respeito a sua mulher era não deixar que ela o visse preso justamente no dia de seu aniversário. "Não deixa fazerem o que estão fazendo com a minha família", Marisa chegara a pedir a um parlamentar do PT um mês antes do AVC. Biógrafo, me perguntei diversas vezes como ela teria agido, o que ela teria dito, se estivesse no Sindicato no momento da prisão.

Já era noite quando Lula conseguiu se desvencilhar da militância que mantinha o portão fechado e obstruía o caminho. Saiu a pé em direção ao carro que o levaria ao aeroporto. Em helicópteros, câmeras de TV seguiam seu rastro, como se acompanhassem a tocha olímpica pelas ruas da capital. Para todos os efeitos, as imagens do carro de Lula na Rodovia Anchieta, bem como a cena de seu embarque no avião monomotor em direção a Curitiba, compunham o capítulo final da novela do golpe, e assim foram consumidas pelos telespectadores.

Havia gozo na audiência hidrofóbica. Em certas regiões de São Paulo, soltaram rojões. "Leva e não traz nunca mais", diz uma voz masculina, por rádio, na mesma frequência utilizada por pilotos e controladores de voo após a decolagem em São Paulo. "Manda este lixo janela abaixo aí", sugere outra, pouco antes do pouso em Curitiba.

Uma parte do Brasil deitou aliviada naquele sábado. Para essas pessoas, Lula parecia estar finalmente preso, encarcerado, ou mais do que isso: interditado. Desconfiei dessa parte do roteiro. Algo não encaixava. Lembrei que, em 1980, o chefe do Dops de São Paulo, o futuro senador Romeu Tuma, havia desaconselhado os diretores do sistema de segurança a decretarem a prisão do Lula. Ele acreditava que, se o prendessem, o líder grevista sairia da cadeia muito maior do que havia entrado.

Alheio a vuvuzelas e rojões, dormi pensando nas palavras proferidas por Lula em seu último discurso antes do sacrifício: "Os poderosos podem matar uma, duas ou três rosas, mas jamais conseguirão deter a chegada da primavera".

Coragem!

CANÇÃO PELA UNIDADE DA ESQUERDA BRASILEIRA

LEON DE SOUZA LOBO GARCIA*

Tenho uma lembrança inefável das manifestações as quais fui na infância. Meus pais, seus amigos e os filhos de seus amigos, meus amigos, e mesmo os desconhecidos, todos juntos parando as ruas e o tempo. A sensação de que o tempo e as ruas nos pertencem, porque a mesma determinação e sentido de justiça que nos contagia um a um naquele momento vai tomar conta da cidade.

O tempo parou por algumas horas em São Bernardo do Campo, no 7 de abril de 2018. Entre a tristeza e a vertigem da prisão do ex-presidente Lula que se aproximava, foi possível reencontrar a fraternidade de velhos e novos companheiros e acreditar que o projeto coletivo que nos une pode, de novo, encontrar o Brasil.

7 de abril foi um sábado de acordar cedo, sem despertador, com a urgência de que era preciso estar em outro lugar. Estar com Lula. Porque, para além da identificação com o projeto político que ele representa,

---

* Chileno, filho de brasileiros exilados, é psiquiatra do Instituto de Psiquiatria do Hospital das Clínicas da USP e do Centro de Atenção Psicossocial Álcool e outras Drogas (CAPS-AD) do Centro de São Paulo.

milhões de brasileiros como eu parecem ter desenvolvido ao longo de décadas uma relação pessoal com Lula.

A identificação com Lula

Para muitos, vale a identificação com a história do migrante nordestino que teve voz e vez, sem mudar de lado. Para mim, que nasci em outra classe social, impressiona a coragem de ser fiel a si mesmo, sem se intimidar, nem perder a ironia que desfaz do solene quando esse afasta a política da vida. Duas histórias de Lula resumem esse sentimento.

Lula foi o mais importante líder brasileiro no cenário internacional. E foi também quem disse, em entrevista coletiva no Brasil com o então presidente George W. Bush, que a relação Brasil-EUA, de tão boa, parecia ter atingindo o seu "ponto G"! Que maravilha poder desfazer um pouco o teatro da relação unilateral que os EUA, na maioria das vezes, tentam estabelecer com o mundo.

E o encontro de Lula com Tony Blair, depois de o mundo saber que não haviam encontrado as armas de destruição em massa que foram pretexto para a guerra no Iraque? Lula estava acompanhado do embaixador Bustani, diplomata brasileiro que chefiara o organismo da ONU que tentou uma solução negociada para o conflito sobre as armas químicas iraquianas. Os EUA, que não gostaram da iniciativa, conspiraram para afastar Bustani, com o covarde assentimento do Governo FHC e seu chanceler Celso Lafer. Pois bem, nesse encontro, Lula vira de chofre para o primeiro-ministro Blair e diz, mais ou menos nesses termos: "Oh Blair, o Bustani aqui já tinha dito que não ia encontrar arma química no Iraque, hein!". Lula não fala para inglês ver, e os tradutores que se virem.

Desculpem, só mais uma história... Essa toca no meu tema de militância. Lula fala no lançamento de uma indústria química que irá produzir plástico a partir de etanol, uma inovação brasileira. Ele não resiste e faz piada sugerindo lamber o plástico para sentir o gosto do álcool. O mesmo Lula que a vida inteira sofreu e sofrerá do preconceito (de classe) de que bebe demais, mesmo sem nenhuma evidência disso. Mas acho que é justamente por isso que Lula volta e meia fala

CANÇÃO PELA UNIDADE DA ESQUERDA BRASILEIRA

da cachaça, para não se dobrar frente ao preconceito e quebrar a hipocrisia que ronda o tema do consumo de álcool. E quando o assunto é álcool (e outras drogas), preconceito, hipocrisia e as políticas que deles se alimentam, fazem tanto mal quanto o seu uso.

Lula fascina porque se aproxima, na esfera da vida pública, do que tanto tentamos em nossas vidas. Consegue manter-se fiel aos seus princípios, sem fugir da realidade e suas contradições, sem viver uma fantasia onipotente nem cair na amargura. E foi assim de novo no 7 de abril.

Uma missa em São Bernardo do Campo

Chegando em São Bernardo do Campo, as portas do Sindicato dos Metalúrgicos do ABC estão abertas. Homens e mulheres entram e saem freneticamente, sem credenciais nem lista de autoridades.

O comércio vizinho ao sindicato está tomado por sindicalistas, frequentadores habituais da região. A padaria Assembleia II — onde mais existe uma padaria com esse nome! — mostra a prosperidade desse bairro do cordão industrial de São Paulo. Lembro de um documentário em que uma militante brasileira de classe média conta como ia aos "cordões industriais" de Santiago mobilizar os trabalhadores para a defesa do então presidente Salvador Allende. Ela recorda sentir que havia alguma coisa de errado naquilo. Allende era médico, como eu. No sábado 7 de abril foram os trabalhadores do cordão industrial de São Paulo que me mobilizaram para defender o ex-presidente metalúrgico.

Ateu de terceira geração, preparo-me para a missa em homenagem à Marisa Letícia, companheira de Lula. Missa numa hora dessas? O bispo católico Dom Angélico defende a reforma agrária e o direito à resistência. Dilma, a resistente clandestina que foi presidente, lê a oração de São Francisco. Naquela manhã de sábado, não houve fala fora de lugar.

A lembrança do suicídio de Getúlio Vargas e de Salvador Allende de certo assombrou alguns mais antigos. O velho fazendeiro, isolado no palácio do Catete com seu revólver com acabamento de madrepérola. Allende empunhando o fuzil que Fidel Castro lhe presenteara. Nada disso, o presente de Cuba para o Brasil de hoje foram dez mil médicos que atendem onde os médicos brasileiros não queriam atender.

Um grupo toca os clássicos da resistência à ditadura entre trechos bíblicos. Quando entra o sucesso cantado por Zeca Pagodinho, "Deixa a vida me levar", um dos músicos faz questão de esclarecer que a escolha foi de Lula.

"Se a coisa não sai

Do jeito que eu quero

Também não me desespero

O negócio é deixar rolar

E aos trancos e barrancos

Lá vou eu!"

Fico me perguntando como essas palavras soam nos ouvidos da militância ali concentrada. Ninguém, naquele momento, terá coragem de acusar Lula de conformismo. Mas foi importante saber que Lula não vai se desesperar. E nem nós.

Lula nasceu para a política no movimento social. E sempre que tentaram acuá-lo, saiu em caravana pelo país. Para falar e ouvir, ver e ser visto, sentir e experimentar a vida dos brasileiros.

Lembro de mais uma história de Lula. Essa fala da sua sensibilidade para ouvir. Quando assume a presidência em 2003, Lula pede aos ministros um plano de combate à miséria para o município de Guaribas, no Piauí. Símbolo da miséria no país, Lula havia lançado lá, ainda em janeiro, o Programa Fome Zero. Passadas algumas semanas, ministros e técnicos apresentam um abrangente e detalhado plano para o município. Depois de ouvir pacientemente, Lula pergunta: e o pessoal de Guaribas, o que achou do plano? Silêncio, olhares constrangidos, o plano não fora discutido em Guaribas. Pano rápido. Será preciso mais uma reunião.

Lula parece ter discutido exaustivamente com companheiros e aliados como fazer de suas últimas horas de liberdade mais do que um

CANÇÃO PELA UNIDADE DA ESQUERDA BRASILEIRA

testamento político, uma plataforma para as esquerdas. Se foi dessa forma que virou o jogo de simbolismos de sua prisão, também será assim que as esquerdas avançarão.

O bispo de fala mansa e esperta encerra a missa denunciando como golpe o impeachment de Dilma e a prisão de Lula.

A banda ataca com "Zé do Caroço", e os versos finais de Leci Brandão repetidos sem parar não deixam dúvida:

"Está nascendo um novo líder

No morro do Pau da Bandeira"

No discurso e na composição do palanque, Lula fará de seu peso simbólico um fator de multiplicação de novas lideranças. Sem luto, nem personalismo. Para cada morro, bairro, sindicato e associação, suas Manuelas, e Marielles, seus Guilhermes e Lulas.

Mesmo que ateu, eu acho que entendi a missa. Naquelas últimas horas de liberdade, Lula não escolheu o sindicato dos Metalúrgicos para se proteger junto aos seus fiéis. Mas sim porque foi dali que surgiu, 40 anos atrás, o movimento político que aglutinou sindicalistas, intelectuais, guerrilheiros e religiosos para combater a ditadura e criar uma alternativa de esquerda forte para o país. Um movimento diverso, de oposição ao governo, criminalizado pelo Estado, estigmatizado pela mídia e sem recursos financeiros. Daquele ponto partimos e, de alguma forma, para ele voltamos.

Os trabalhadores organizados, fruto indesejado do milagre econômico, foram nos anos 70 os novos personagens que transformaram a cena política brasileira. Quem são esses personagens agora? Existe uma identidade de classe possível entre os milhões de brasileiros que cruzaram a linha da pobreza nos governos Lula e Dilma?

"O que brilha com luz própria

Ninguém pode apagar"

Assim fala a canção engajada do cubano Pablo Milanés.

Talvez a resposta esteja nesse encontro de novos personagens, os milhões de brasileiros que saíram da escuridão da pobreza, com os militantes que deixamos os holofotes do governo e das máquinas partidárias. Por que, de uma forma ou de outra, somos todos Lula.

"TUDO VAI DAR CERTO"

AGNESE MARRA[*]

Duas caras da mesma moeda. Uma metonímia é um poema que ainda não foi escrito. É assim como se olham Lula da Silva e Brasil. Não dá para saber onde é que um começa e onde o outro termina.

Não é possível compreender o sindicalista de São Bernardo sem conhecer a realidade atual do seu país, nem tampouco o gigante sul-americano por fora da trajetória e do trabalho do presidente mais popular do planeta, segundo Obama.

"Brasil tem jeito", ele me disse pelo menos uma dúzia de vezes durante duas longas horas de entrevista no Instituto Lula. Os sucessos do ex-metalúrgico foram os sucessos do país que governou por oito anos. Ele conseguiu: portanto, o Brasil consegue. Uma sentença lógica que o ex-presidente repete como um mantra, como a oração à qual se aferra a mãe que pede que o seu filho jovem, negro, favelado, volte inteiro para casa.

Por que para Lula, o Brasil é uma religião. Também um filho. Inclusive, ele mesmo. Daí que o torneiro mecânico leve consigo um não sei o quê messiânico que pode chegar a incomodar ou a assustar a quem carrega o olhar do estrangeiro e um certo preconceito de ateu sobre as

---

[*] Correspondente internacional do diário espanhol *El Mundo*.

costas. Mas acreditar no Brasil, assim como ser crente no país (por enquanto) com a maior população católica do mundo, é uma necessidade. Assim Lula o repetia para mim, apenas sete meses atrás:

"Precisamos acreditar no Brasil" e dava um tapa na mesa. "Eu acredito no Brasil" e pegava no meu braço com veemência como se a vida inteira se jogasse nesse gesto.

Essa emoção, essa religiosidade, esse momento de comunhão foi o que se viveu entre o 5 e o 7 de abril no sindicato dos metalúrgicos de São Bernardo. E é o que se vive toda vez que a gente assiste a um discurso do líder latino-americano mais importante do século XXI. Mas na sua casa de São Bernardo, o bordão mais usado era outro:

"Tudo vai dar certo".

Lágrimas ao seu redor. Olhos compungidos. Corpos tensos. *"Tudo vai dar certo"*, ele repetia.

Era essa a máxima da sexta-feira 6 de abril à primeira hora da manhã. Apenas 12 horas antes, a notícia da ordem de prisão tinha caído como um balde de água fria no ex-presidente e sua equipe, assim como em nós, jornalistas. Não conseguíamos compreender — ainda me é difícil a não ser pela megalomania e pelos excessos do juiz Moro — por que tanto o magistrado de Curitiba quanto o Tribunal Regional Federal da 4ª região de Porto Alegre desconheceram os prazos? Por que a pressa? Por que essa necessidade de demonstrar não só o poder envolvido no envio de um documento como esse, mas também a fragilidade, a falta de paciência, o não saber estar no seu lugar e ocupar o cargo ostentado num momento em que não só o Brasil, mas o mundo inteiro, duvidava da legitimidade da Justiça brasileira?

Mas o mandado chegou naquela quinta-feira dia 5. Surpreendeu. Obrigou à improvisação no que provavelmente tenha sido um dos momentos mais difíceis para o ex-presidente e fundador do Partido dos Trabalhadores. Uma sigla tão simbiótica e dependente do seu líder quanto o Lula do seu país. A primeira reação foi a mais básica e essencial: voltar para casa. Para o lugar onde ele se fez líder

"TUDO VAI DAR CERTO"

sindicalista, político. Acudir ao refúgio antes de ir para a guerra. Estar em família e rodeado da sua gente. Lula mostrou sua força ao mundo e, sobretudo, a ele mesmo. Porque os brasileiros e o povo são a gasolina que o faz rodar, os únicos que fazem dele um dançarino no meio do fogo.

Ainda não sei dizer se foi por causa do otimismo patológico do ex-mandatário — que, armado com uma folha de bananeira, acredita poder fazer frente ao furacão —, se foi uma estratégia política, ou se surgiu de uma necessidade primária e atávica de confiar na Justiça. Mas, naquela manhã de sexta-feira, no sindicato dos metalúrgicos, ainda havia esperança de que se poderia atrasar a prisão.

Era uma corrida contra o relógio. A cada vez as 5 horas da tarde aproximavam-se mais e mais. Essas cinco da tarde que o poeta Federico García Lorca repete no seu poema *La cogida y la muerte* — dedicado a um falecido toureiro — e que o juiz Moro sem o romantismo nem a paixão do escritor granadino, impôs para que Lula da Silva se entregasse à polícia.

***

Voltamos para a sexta-feira dia 6. As horas se passavam e os militantes continuavam a chegar. A cada instante éramos mais jornalistas, informações desencontradas, rumores diversos sobre possíveis horários para uma conferência de imprensa que nunca chegava. Ele se entregará? Não se entregará? Vai falar com os militantes? Não aparecerá? Eram essas as perguntas que atravessavam as mídias, as bases do partido, os altos mandatários e os milhares de seguidores amontoados nas redondezas do sindicato. Dentro, nos corredores, a Executiva do PT movia-se depressa, falando entre eles muito baixinho, quase ao ouvido.

Militantes de outros sindicatos, de outras cidades. Muitos deles jovens recém-convertidos à maior idade. Companheiros por volta dos 60, 70 anos, com uma história de batalhas do lado do ex-metalúrgico. Alguns à procura de um lugar para sentar e descansar um pouco, outros se amontoando em pequenos grupos à mercê das especulações. Depois estavam aqueles que concentravam seu olhar na tela do celular, como se a qualquer momento fosse surgir dali a notícia definitiva; a notícia que daria mais um dia de liberdade ao primeiro operário presidente do Brasil. A essa altura, mais algumas horas de liberdade significavam, antes de tudo, respeito.

Teorias e conspirações acumulavam-se. De acordo com alguns, quem poderia inverter o curso dos acontecimentos era o juiz do Supremo, Marco Aurélio de Mello. "Ele é quem pode freá-lo" diziam deputados petistas. Outros depositavam sua esperança no recurso levantado pelos advogados do Lula, à primeira hora da manhã no Supremo Tribunal de Justiça. Assim também como na medida cautelar enviada às Nações Unidas (ONU). "Ainda temos esperança", insistiam, faltando menos de uma hora para as cinco da tarde.

As 5 horas chegaram. E mais perguntas. Nós jornalistas acreditávamos que se ele não cumprisse o horário estipulado por Moro, sairia para falar com sua gente, dando a conhecer a sua estratégia. Não foi assim. A presidenta do PT, Gleisi Hoffmann, encarou a multidão com um discurso que mais do que aportar informação tentava acalmar os ânimos dos militantes. O silêncio informativo contrastava com o barulho das ruas. Gritos de "venceremos", batucada, e uma playlist de samba estremeciam as redondezas do sindicato, ajudando a digerir os momentos mais tensos.

No segundo andar do prédio, os advogados de Lula negociavam as condições com a Polícia Federal, enquanto os petistas mantinham o debate paralelo em relação à entrega, ou à não entrega, do seu dirigente. Mas para a multidão lá fora só restava uma estratégia: "Não se entregue", começava a se escutar no final da sexta-feira. Já no sábado, essa súplica chegou a ser ensurdecedora.

***

"A política é olhar nos olhos, é pele, é se tocar. Mas, sobretudo, os olhos. Tem que olhar para as pessoas, ir para a rua, é ali onde se faz política", disse o ex-presidente para mim, fixando seus olhos nos meus naquela manhã no Instituto Lula. Na sexta-feira dia 6, Lula não quis ir para a rua. Não conseguiu. Não soube como. Tampouco importa.

"TUDO VAI DAR CERTO"

As milhares de pessoas que se aproximaram do número 231 da Rua João Basso souberam perdoar-lhe por isso. "Ele sairá quando for necessário. Nós estamos aqui para que ele possa sentir o nosso apoio", me disse o pastor evangélico José Barbosa, com 30 horas de vigília nos ombros.

Se, ao sair da entrevista com Lula, havia entendido que para o ex-presidente o Brasil era sua vida, seu projeto, ao sair do Sindicato dos Metalúrgicos naquele sábado, 7, compreendi que, para os militantes ali amontoados, Lula era um pai. Não é breguice ou exagero. São fatos, declarações e lágrimas. Muitas lágrimas vertidas nesse dia.

O Sindicato dos Metalúrgicos estava completamente abarrotado. Nas escadas discutia-se se Lula parecia mais com Mandela ou com Jesus Cristo. A médica Juliana Salles (33) tinha montado um acampamento infantil com seus filhos Gabriel (7) e Diogo (7 meses) para mantê-los calmos e ocupados o tempo que fosse necessário: "Nós queremos que ele resista, porque a perseguição não é só contra o Lula, mas contra nossa democracia", dizia-nos a médica.

Pedro Vieira (68) continuava sentado na mesma cadeira do dia anterior, com os mesmos olhos úmidos. Companheiro de greves do ex-presidente, aposentado da Volkswagen, Vieira estava completamente afundado: "Eles não podem fazer isso com ele. Levá-lo preso é a prisão de todos nós", dizia com a cabeça baixa e as mãos sobre os joelhos.

Silvio da Rocha (59), outro antigo companheiro do ex-presidente, rompeu em choro quando lhe perguntei como estava se sentindo. Tudo nele, seu cabelo cacheado, sua mandíbula larga, seu torso forte, tudo se descompôs de imediato. "Se ele for preso, todos nós iremos para Curitiba para arrebentar a prisão. Somos um batalhão para defendê-lo", dizia-nos com uma fúria tingida de impotência.

Maria Ribeiro da Silva (27) e Cássia Oliveira (24) ficaram mais de 35 horas sem dormir. Saíram de Botucatu, no interior de São Paulo, assim que souberam da ordem de prisão expedida por Moro: "Pegamos o carro com outro amigo e viemos direto para o sindicato. Sou professora graças a ele; minha família come três vezes por dia graças a ele.

Temos um carro graças a ele. Não podemos abandoná-lo agora", dizia-nos Maria, e suas palavras ecoavam na fala de Cássia: "Na minha família temos médicos e advogados graças às bolsas que ele implantou. Sou socióloga e professora porque fui 100% bolsista. Lula é muito maior do que o nosso país. As elites nunca nos aceitaram, mas ele sim".

Naquele sábado, passadas as 11 da manhã, Lula da Silva saiu para olhar os seus nos olhos. Uma missa em homenagem ao aniversário de Dona Marisa foi a escusa para a despedida: um ritual à altura das circunstâncias.

Lula da Silva tinha tomado uma decisão. Ele se entregaria à Polícia Federal depois de um último discurso, de um último carinho para os milhares de filhos que o esperavam lá embaixo, assim como para sua própria alma. Ele subiu no caminhão do som, onde primeiro aconteceu a missa, e onde logo depois o alto escalão do partido dedicou-lhe umas palavras. Eram quase 11h30 quando Lula pegou o microfone diante dos gritos de "não se entregue". Lula respondia com um sorriso e as mãos na cintura, deixando a sua gente à vontade para se expressar, para ofertar-lhe o carinho de que naquela hora também ele precisava.

Apresentou as novas e jovens vozes da esquerda — Guilherme Boulos, Manuela D'Ávila — que cobriam as suas costas. E falou. Falou como nunca. Falou como sempre. Para um público absorto, enfeitiçado pelo homem que mudou sua vida, o homem que jamais parou de acreditar que *"Brasil tem jeito"*, que *"tudo vai dar certo"*.

A poucas horas de entrar na prisão, Lula da Silva reviveu sua história sindical, sua vida de lutas, de sucessos. Seu discurso fez lembrar por momentos outras falas históricas como a de Martin Luther King e a do conterrâneo Getúlio Vargas. Mas, sobretudo, ele foi Lula. Consolou seus militantes como o pai que antes de morrer consola o filho. Jovens e aposentados choravam e se abraçavam: "Eu estou aqui destruída e ele continua a cuidar da gente", dizia Inês dos Santos (55). "Eles acabaram com o único líder que se preocupou com seu povo, eles têm acabado com nosso país", dizia entre soluços a professora Lúcia Teresa, recém-chegada do Rio de Janeiro para dar a Lula um último adeus.

"TUDO VAI DAR CERTO"

Mas o presidente que tirou da miséria 35 milhões de pobres, que tirou seu país do Mapa da Fome, que disse para a Europa e os Estados Unidos que a América Latina importa, que a cooperação do Sul funciona, o único mandatário capaz de fazer rir Ahmadinejad e Sarkozy na mesma sala, esse homem de 72 anos, de cabelos grisalhos, deu para sua gente um último presente: "Lula são vocês".

QUANDO O DISCURSO (RE)FUNDA A HISTÓRIA EM 48 HORAS

ROSANE BORGES[*]

A proverbial expressão "a Justiça é lenta" resolveu tirar férias no caso das acusações envolvendo o ex-presidente Luiz Inácio Lula da Silva. Somos testemunhas: tudo foi despachado em velocidade supersônica. De forma inédita, o juiz Sérgio Moro, responsável pela Operação Lava Jato na primeira instância da Justiça Federal, executou a prisão de Lula nove meses após o anúncio da sentença (outros casos de réus da operação Lava Jato duram de 18 a 30 meses).

Sem escapar dos moldes de uma agilidade comprometida com interesses outros, a 8ª Turma do Tribunal Regional Federal da 4ª Região (TRF4) confirmou, no dia 24 de janeiro deste ano de 2018 (sim, em janeiro!), por unanimidade, a condenação do ex-presidente pelos crimes de corrupção passiva e lavagem de dinheiro. A surpresa não brota apenas da celeridade inédita, mas também do aumento da dosagem da pena (ou, na versão da sociologia do pessimismo, nada é tão ruim que não possa

---

[*] Jornalista, pós-doutora em Ciências da Comunicação e professora colaboradora do Grupo de Pesquisa Estética e Vanguarda (ECA-USP).

QUANDO O DISCURSO (RE)FUNDA A HISTÓRIA EM 48 HORAS

piorar): a 8ª Turma do TRF4 aumentou a pena de 9 anos e seis meses para 12 anos e um mês de reclusão em regime fechado, além de pagamento de 280 dias-multa (com valor unitário de cinco salários mínimos).

O STF também respondeu à agilidade desse novo tempo jurídico: negou, no dia 5 de abril, por 6 votos a 5, o *habeas corpus* preventivo solicitado pela defesa de Lula. Após a decisão do STF, o TRF4 enviou ofício ao juiz Sérgio Moro comunicando a decisão. Sem hesitar, o juiz dromoapto — capacidade de sermos velozes — mandou a Polícia Federal prender Lula em tempo mais recorde ainda. Emitido no mesmo dia da decisão do STF, o despacho de Moro fixa data e hora para a prisão: "Relativamente ao condenado e ex-presidente Luiz Inácio Lula da Silva, concedo-lhe, em atenção à dignidade do cargo que ocupou, a oportunidade de apresentar-se voluntariamente à Polícia Federal em Curitiba até as 17:00 do dia 06/04/2018, quando deverá ser cumprido o mandado de prisão".

Temporalidades da História: onde estávamos nas 48 horas que antecederam a prisão de Luiz Inácio Lula da Silva?

Sabíamos a que e a quem essa agilidade respondia. Sabíamos o que ela desenhava para o cenário eleitoral. Sabíamos o que ela representava para aquelas e aqueles que tentaram, e continuam fazendo, erguer os pilares de um país democrático e republicano. Sabíamos em quem essa sentença respingaria, para além de Lula. Mas não sabíamos exatamente o que aconteceria nesse lapso de tempo entre a decretação da prisão e a chegada de Lula à PF. De certo modo, todas(os) nós caímos num vácuo, assistindo, entre perplexas(os) e indignadas(os), à escalada de injustiças alcançar patamares nunca vistos.

Em São Paulo, tentei acompanhar as reações Brasil a fora, ler tudo que saía no noticiário, analisar as consequências deste novo estágio do Estado de exceção, dimensionar os aspectos raciais e de gênero que despontavam nas frestas das decisões peremptórias do Judiciário brasileiro.

ROSANE BORGES

Insistia em inserir a prisão de Lula em perspectiva globalizante para reatualizar o diagnóstico do Brasil pós-golpe.

Quando o ex-presidente se deslocou para o Sindicato dos Metalúrgicos em São Bernardo do Campo, no mesmo 5 de abril, não tive dúvidas: era lá que deveria sentar praça, perfilando-me a tantas(os) outras(os) que migraram para a região do ABC paulista. Ressoavam nos espaços materiais e digitais depoimentos de pessoas que acompanharam o presidente mais importante da história deste país em uma saga que culminaria num dos gestos políticos inescapáveis para a semeadura da esperança e da renovação: o discurso corajoso e altivo de Lula antes de seguir para Curitiba.

Entre revezamentos de sentimentos, venceu aquele que decretava a minha permanência em São Paulo. Realçava-se, assim, o meu papel de jornalista-espectadora, pesquisadora-ativista-coadjuvante de uma cena que começaria na tarde de 5 de abril e se encerraria no final do dia 7. Do bairro paulistano da Bela Vista, presenciei a tessitura de outra temporalidade, de um tempo psicanalítico, em que os tempos de ver, compreender e concluir se bifurcaram em prol de um outro tempo.

Tornou-se moeda corrente dizer que vivemos outras modalidades do tempo, pontuadas pela cibercultura, pelo fluxo ininterrupto das redes sociais. Um tempo não-linear que rompe com a concepção dominada por uma lógica de previsibilidade ordenada em causas eficientes, um tempo que só se torna humano por meio da narrativa e do que se faz dele.

Sabemos que 48 horas é um micropedaço do nosso calendário, um intervalo quase insignificante quando avistada em escala abrangente a sucessão dos acontecimentos históricos. Porém, pode-se dizer que, entre 5 e 7 de abril, das cinzas e da derrota emergiram a esperança e a crença na emergência de um tempo em que a noção de duração, ligada à concepção bergsoniana, se vinculou ao tempo existencial, destituído da mensurabilidade capitalista ou dos interesses políticos-jurídicos, aos quais a prisão de Lula respondeu.

Nas 48 horas que antecederam a prisão, vimos parte do nosso mundo político ruir, é certo. Mas também vimos um outro mundo

QUANDO O DISCURSO (RE)FUNDA A HISTÓRIA EM 48 HORAS

ressurgir pela voz de quem, em poucas horas, estaria na capital para-naense, encarcerado injustamente. Nas 48 horas que antecederam sua prisão, vimos e ouvimos um Lula reconhecendo a derrota sem ser derrotado. Ele nos ensinou, como Guattari e Negri, que "só nos resta repensar a derrota, as suas razões, os modos pelos quais o inimigo nos venceu, lembrando que não há linearidade da memória, há apenas uma sobrevivência ética". E nas 48 horas desse intervalo histórico infausto, a sobrevivência ética ganhou sobrevida, transportando-nos para o tempo da justiça. Nas 48 horas que antecederam a prisão de Lula, ouvimos um discurso fundador que se inscreveu irrevogavel-mente na lápide da História.

Dos discursos e seus ecos

Seja pela vocação que têm para suscitar outros/novos modos de existência, seja por instituírem novas configurações da política, seja por inventarem novas bússolas para a travessia de nossas vidas, alguns discur-sos se consagraram na História como prenúncio ou advento de um "novo tempo, apesar dos perigos".

Num amplo arco, recordemos, entre tantas, algumas falas de re-percussão sísmica, como o audacioso discurso *E eu não sou uma mu-lher*?, da estadunidense Sojourner Truth, ex-escravizada que demoliu a Women's Rights Convention, em Ohio. Na ocasião, 1851, Truth questionou por que as mulheres brancas eram privilegiadas e as mu-lheres negras vistas como inferiores, intelectual e fisicamente, úteis somente para o trabalho braçal.

Menção obrigatória deve ser feita também ao discurso de posse de Nelson Mandela (*"Nosso maior medo não é sermos inadequados. Nosso maior medo é que nós somos poderosos além do que podemos imaginar. É nossa luz, não nossa escuridão, que mais incomoda..."*). No mesmo diapasão, está o discurso memorável de Martin Luther King (*"Eu tenho um sonho"*).

O celebrado *"Saio da vida para entrar na História"*, redigido na úl-tima linha da carta-testamento de Getúlio Vargas, endereçada ao povo brasileiro, é outro fragmento discursivo com desdobramentos importantes, especialmente para o próprio presidente, que escreveu o documento horas antes de se matar, em 24 de agosto de 1954.

Com a missiva, Getúlio refundou a História, operou um movimento no sentido anti-horário em sua biografia, tonificou a memória sobre ele, convertendo significantes negativos em signos que favoreceram a reprojeção da imagem, então ameaçada, de estadista.

Na atmosfera do golpe, compõe a galeria de exemplos a defesa da presidenta Dilma Rousseff em agosto de 2016, no Senado Federal. Embora Dilma não tenha proferido necessariamente um discurso, mas elaborado argumentos e contra-argumentos para sua defesa, pode-se destacar da sabatina a sua coragem em cair de pé, num jogo que já estava jogado. A presidenta não foi convencer as "Suas Excelências" de que era inocente, mas dizer a eles e ao povo brasileiro que tinha dignidade para olhar frontalmente em quem não tinha estatura, nem elementos, para efetuar sua condenação. Com a defesa, Dilma preparou uma memória futura para uma história que se encerraria de maneira infausta para ela.

"A partir de agora minhas ideias vão se misturar com as ideias de vocês"

Reafirmando que é dono do seu destino, Lula definiu, com altivez e serenidade, o momento de sua apresentação, deixando frustrada a turma de Curitiba, a mídia hegemônica e os paulistanos agressores de panelas, no crepúsculo daquela sexta-feira, 6. A Globo teve engolir a única possibilidade de transmitir os acontecimentos: pelas imagens da TVT. Em suma, colocou todos no bolso. Coisa de gênio!

O ponto alto da mobilização no Sindicato dos Metalúrgicos, que recebeu um mar de gente entre 5 e 7 de abril, foi o discurso antológico de Lula, indutor de esperanças várias, como um rio com múltiplos afluentes. Lula provocou estímulos inabarcavelmente amplos. De sua fala surgiram vários rebentos de maternidade/paternidade coletiva:

QUANDO O DISCURSO (RE)FUNDA A HISTÓRIA EM 48 HORAS

assim como Luther King, ele também sonhou (e realizou), falou do que assusta os inimigos, mencionou Mandela, e não se curvou na derradeira hora, seguindo a atitude exemplar de Dilma Rousseff.

O pronunciamento de Lula guarda semelhanças com a carta-testamento de Getúlio. Ambos nos ensinaram, a partir de ângulos diferentes, que é o discurso que funda a História e não o contrário. Tema espinhoso que habita os arredores da filosofia da linguagem, das teorias do discurso e da enunciação, o par *discurso + história* é próprio da luta política. Manejá-lo bem é saber estabelecer parâmetros precedentes para o que se diz e, pela fala, restaurar a história e o movimento do mundo.

A psicanálise nos ensinou que a realidade é o discurso e que o seu *habitat* natural é a linguagem. Mas os discursos e, portanto, as realidades que fundam e definem, não são quaisquer coisas: são articulações determinadas, estruturam o mundo histórico-social e são por ele estruturadas. Além disso, são passíveis de transformações e têm funções.

Pode-se insistir, com razão, que ao contrário de Getúlio Vargas, Lula não opera um movimento anti-horário para dignificar o seu passado. Não. Ele não precisa disso. O seu pronunciamento exerce uma função indispensável num presente que prepara dias cada vez mais difíceis para todos nós: ele possibilita que voltemos a sonhar com um futuro em que prosperidade, justiça e igualdade sejam cimentos para a edificação de um outro país.

Num mundo e num país poliperspectivamente partido, quando Moro anuncia que "já era" para Lula, eis que o ex-presidente inverte, com seu pronunciamento, os elementos dessa equação, e anuncia que na verdade tudo só está começando. "A partir de agora minhas ideias vão se misturar com as ideias de vocês".

Vindo de onde veio, é um homem forte e audacioso que, na condição de prisioneiro político, coloca o Judiciário brasileiro no subsolo da História, ao passo que o pé-direito de sua edificação política ficou mais alto (mas as mãos que a construíram seguiram certamente à esquerda). Lula mitou *again*.

Foram necessárias apenas 48 horas de nossas vidas para que testemunhássemos, em meio à politização do Judiciário, ao triunfo do Estado de exceção, um gesto de altíssima envergadura, vocalizado por um discurso emancipatório, o que fez desses dois dias um marco temporal com potência para desbloquear o amanhã, interceptado que está pela política destituidora do presente que avança na velocidade da luz. Meninas(os), eu vi e ouvi!

"EU TENHO UM SONHO"

FÁBIO BEZERRIL CARDOSO[*]

"Bem-aventurados os que sofrem perseguição por causa da justiça, porque deles é o Reino dos Céus".
(Mateus 5:10)

Desde que estive em São Bernardo, nos dias 6 e 7 de abril em apoio ao presidente Lula o texto das Bem-aventuranças não sai da minha cabeça, principalmente o versículo 10 de Mateus 5 que diz: *"Bem-aventurados os que sofrem perseguição por causa da justiça, porque deles é o Reino dos Céus"* (Mateus 5:10). Pois costumo dizer que este texto é a constituição apresentada por Jesus deste Reino que Ele veio trazer. A expressão "bem-aventurado" no grego (μακάριος — Makários) tem alguns significados, dentre eles o que mais se aplica são "felizes e aben-çoados" e é neste contexto que me apego para escrever este texto.

Lula é um bem-aventurado, pois no seu governo combateu a fome e a exclusão que por muito tempo atrapalhou o desenvolvimento do povo brasileiro, formando um grande abismo social no país.

---

[*] Pastor da Comunidade Cristã Palavra e Vida, com sede no bairro da Penha, na Zona Leste de São Paulo.

No Brasil, antes do governo Lula, existiam mais de 40 milhões de pessoas ameaçadas pela fome que não tinham o que comer e viviam à margem da sociedade. Com o projeto Fome Zero, o país passou a dar mais dignidade para esses que sofrem, isso me faz lembrar de um outro texto bíblico que se encontra também no livro de Mateus no capítulo 25, versículo 35 no qual Jesus, apresentando a quem competia entrar no seu Reino, diz: *"Porque tive fome, e destes-me de comer; tive sede, e destes-me de beber, era estrangeiro, e hospedastes-me"* [...], este texto é interessante porque os discípulos perguntam para o Mestre quando fizeram isso para ele e Jesus responde no versículo 40: [...] *"Em verdade vos digo que quando o fizeste a algum destes meus irmãos a mim o fizeste"*, não tenho dúvida como pastor que a militância do cristão tem de ser estabelecida no campo social. Lula quando presidente combateu nesta frente, preparando caminho para a erradicação da fome e combatendo as desigualdades sociais com políticas que efetivamente tiveram melhorias sobre a vida dos mais vulneráveis.

Com isso, entendo que o ex-presidente, como Cristão que é, beneficiou muitos dos que Jesus denomina como *"os pequeninos"*. O anseio dos que caminham ao lado de Jesus tem de ser por igualdade, não existe a possibilidade de o cristão ser conformado com a situação de um país com uma sociedade injusta, pois a Bíblia está cheia de exemplos que apontam em direção ao outro.

Em Atos 2:42-47, por exemplo, a Igreja do primeiro século vive de forma radical, após a conversão, muitos vendiam as suas propriedades e repartiam com a comunidade o dinheiro adquirido com a venda, isso é interessante, pois o texto diz que todos faziam as refeições diárias juntos, com alegria de coração e tinham tudo em COMUM, a palavra usada lá era koinonia (κοινωνία), que no seu significado mais amplo quer dizer "ter tudo em comum", ou seja, um cristão não pode estar bem enquanto existam desigualdades sociais, tão menos quando existem irmãos que passam fome. Por este e muitos motivos defendo os dois mandatos do governo Lula, pois o mesmo combateu as desigualdades apresentando políticas públicas que se adequaram aos objetivos de desenvolvimento sustentável, as ODS's indicadas pela ONU, que têm como objetivo diminuir até 2030 as desigualdades sociais em muitos países.

"EU TENHO UM SONHO"

Em 2014, o Brasil registrou um percentual de 3% de pessoas que ingeriam calorias abaixo do necessário para sobreviver, isso é uma vitória e temos de dar a honra a quem merece, aos dois primeiros mandatos do governo Lula, pois este foi um dos principais focos do seu governo que tinha como promessa de campanha, erradicar a fome no país.

Além do combate à fome, este governo também combateu as desigualdades sociais, não só com o Bolsa Família, que deu a muitos brasileiros dignidade, tirando-os da margem da sociedade e reinserindo-os novamente na economia, assim como na educação. Parafraseando o ex-presidente, *"Nunca antes na história deste país"* vimos tantos jovens de escolas públicas conseguirem ter acesso a ensino superior de qualidade e público. O aumento das vagas nas universidades públicas e a sua entrada pelo Enem trouxe pessoas que até então não viam neste um caminho possível, pois quem vive por aqui sabe que, no Brasil, estudar em universidade pública era privilégio para ricos, invertendo-se a ordem, pois os filhos dos pobres tinham de ir para universidades privadas, alargando ainda mais o tal abismo social. O governo Lula mudou esta realidade ao abrir as portas das universidades públicas para estes jovens, e por um instante sentimos o que seria viver num país menos desigual, pois ao mesmo tempo em que o filho do rico passava na faculdade através do Enem, o filho do pobre também tinha a mesma oportunidade e víamos que caminhávamos para a concretização de um sonho, em que pobres e ricos teriam a mesma oportunidade.

O golpe

O Brasil já viveu diversos golpes, principalmente quando se refere a avanços sociais, e todos eles são impulsionados pela elite que não quer perder os seus privilégios. Não seria diferente com o governo Lula, estes que se beneficiaram a vida toda com a miséria do país não haveriam de deixar *"barato"* esta situação.

A escalada do conservadorismo que, no meu entendimento, está ligada às manifestações de 2013, onde ali já havia um plano em curso para barrar este progresso que tivemos nos últimos 13 anos e que enfraqueceu o primeiro mandato do governo Dilma, pegou carona nesse período para chegar com força em 2016, ano do fatídico impeachment.

Mas não bastava tirar só a presidenta Dilma Rousseff, era necessário acabar com tudo, inclusive com o legado do ex-presidente Lula. Vimos através da Lava Jato uma caçada às bruxas, digna de ser representada em uma série, vários jornais achincalhando o mandato do ex-presidente, teve até procurador fazendo apresentação de PowerPoint, dizendo que não precisava de provas para condenar Lula, mas apenas de convicção. O mesmo, há pouco tempo atrás, afirmou num púlpito de igreja que estava fazendo jejum para que ele fosse preso, ou seja, o processo jurídico que culminou na prisão do presidente Lula no dia 7 de abril é um tanto quanto duvidoso e não deixa dúvidas de que é um processo político para tirá-lo das eleições de 2018, pois se ele puder registrar sua candidatura certamente ganhará.

Perguntaram-me por que fui a São Bernardo

Muitos dos meus amigos pastores me perguntaram por que fui a São Bernardo do Campo resistir com Lula. Estive lá porque entendo que o processo de Lula é um processo político e não jurídico, no qual foi utilizada a Justiça como manobra para se alcançar o fim desejado que era a sua prisão. Não posso compactuar com a injustiça cometida contra um homem que demonstrou na prática que os anseios do Evangelho são possíveis, tirando mais de 40 milhões de pessoas da linha da pobreza e que deu dignidade para que estas se orgulhassem de ter nascido num país menos injusto. Ainda falta muito para se conquistar, e do jeito que as coisas andam, se não houver resistência voltaremos a retroceder.

O ato de ir a São Bernardo nestes dias foi um ato de resistência contra esse atraso, de mostrar para a elite que não há mais lugar para injustiças e que o que desejamos é um Brasil como o que Lula apresentou para nós.

Fui a São Bernardo pensando em exercer o meu papel como pastor: consolar, orar, cuidar, e ajudar de alguma forma nesta resistência e num momento tão difícil, mas ocorreu o contrário, saí consolado pelo que vi por lá, quando ouvi o ex-presidente Lula e agora prisioneiro político desse "Brasil do atraso" falando sobre o porquê decidiu se entregar, aquelas palavras soaram como gasolina no meu coração que já arde por justiça social, e ver o povo disposto a resistir a este velho país

"EU TENHO UM SONHO"

que insiste em manter-se desigual foi renovador. Por este motivo, acredito que estar ali naquele momento e naquela hora era como estar participando de uma parte importante da História. Outra agradável surpresa foi participar do ato inter-religioso na sexta-feira, dia 6, pois acredito que um mundo que dialoga estende a tenda da convivência, não há resistência dividida, estar com aqueles irmãos de outras religiões por uma causa nobre como esta é inspirador e dá segurança pois precisamos nos unir nas trincheiras.

O que observei é que o PT, apesar de não ter feito uma autocrítica séria sobre alguns fatos que precisam ser ajustados, ainda assim continua sendo um partido de massa. É inegável a conexão que o partido tem com os mais vulneráveis, encontrei diversos amigos de luta que lá também estiveram para engrossar essa resistência, agora o Partido dos Trabalhadores precisa se reorganizar e prosseguir, pois o próprio Lula após citar uma frase que é atribuída a Che Guevara em que ele afirma que: *"Os poderosos podem matar uma, duas ou três rosas, mas jamais conseguirão deter a primavera"*, falou que ele é uma ideia, e é isso que devemos ter em mente. Não se trata só do Lula, mas da ideia que ele representa, que é a possibilidade de existir um país mais justo e menos desigual.

Assim concluo com uma profecia do Livro de Jeremias no Antigo Testamento que diz:"Eu, o Senhor, lhes digo: façam o que é justo e honesto. Protejam dos exploradores aqueles que estão sendo explorados. Não maltratem, nem explorem os estrangeiros, os órfãos e as viúvas". Que possamos seguir aquilo que o Eterno nos ordenou nessa profecia, e que a nossa fome e sede seja por justiça assim como fez o irmão Lula, hoje e sempre... Amém!

NÃO ERA POSSÍVEL ESTAR EM OUTRO LUGAR

KÁTIA PASSOS*

Reviver os dias que antecederam a decisão do ex-presidente Lula, de ir à Curitiba, para atender a um grupo de zumbis do Judiciário que continuam, desde a consumação do impeachment da presidente Dilma Rousseff, caçando maneiras atrozes de conseguir uma foto, uma imagem que coloque abaixo toda a ideia que Lula representa para o país.

E embora o ex-presidente esteja no cumprimento de um cárcere completamente absurdo, a tal imagem que roda o mundo e confirma a importância desse homem para os brasileiros, é a dele sendo carregado nos braços de gente com pele enrugada, de gente com cara de cansaço, de jovens com lágrimas de luta em suas faces, e parece que, assim, uma parte do plano deu muito errado.

Cronologicamente, e do ponto de vista de uma ativista da mídia livre, preciso muito que as pessoas entendam o que vi e vivi em abril de 2018 em São Bernardo do Campo.

Realmente extraí forças do momento em que vi Lula nos braços do povo, para tentar narrar nesse texto de tom bem simples, minhas

---

* Jornalista no coletivo Jornalistas Livres.

NÃO ERA POSSÍVEL ESTAR EM OUTRO LUGAR

impressões na sede do Sindicato dos Metalúrgicos do ABC, com o objetivo de tocar mentes e corações que não puderam estar ali naqueles dias.

Na tarde daquela quinta-feira, 5 de abril de 2018, eu estava no prédio do Diretório Nacional do PT, no Centro de São Paulo, aguardando o término da reunião da Executiva do partido, composta por parlamentares e dirigentes. Esperava para poder conversar com eles sobre os próximos passos em relação à candidatura de Lula e sobre os rumos que a militância petista tomaria no caso de uma prisão decretada pelo juiz de Curitiba.

Antes de seguir, sinto-me no dever de contextualizar alguns fatos cotidianos. A correria que o voluntariado em uma mídia independente do porte dos Jornalistas Livres traz para quem é mãe de duas meninas e possui trabalho diário no parlamento, também como jornalista, é imensa. Não sou a única com esse perfil nesse "barco Viking" que nunca para, e, às vezes, tem passageiro pulando fora, em movimento, sem avisar, tamanhas são as pressões e os ataques que recebemos, especialmente, de uma parcela bastante tresloucada de militantes da Bancada BBB, da Bala, Bíblia e Boi. Há também os autointitulados intervencionistas, que comemoram a morte da vereadora Marielle Franco e apoiam com veemência o exército nas comunidades do Rio de Janeiro. Muito provavelmente, desejam o fim das pessoas que fazem os Jornalistas Livres. Tem os fundamentalistas, os ultraconservadores e muitos outros.

É a cultura do ódio na pele e nos brados contra a esquerda. E ser Jornalista Livre é uma vida para poucos.

Mas escolhas nesse período são necessárias, infelizmente não é possível ter tudo, então ficar pouco com as filhas, colocar o casamento em risco a todo instante, são dramas que também fazem parte dessa narrativa.

Nesse período de golpe, perdi amizades e deixei de estar presente em momentos que nunca mais voltarão. Por isso, ser de esquerda é um ato de coragem. Defender Direitos Humanos e, acima de tudo, lutar contra as injustiças e opressões do dia a dia, têm um preço alto.

95

Mas não me importo de pagar. Quero ficar ao lado do que pode minimizar as desigualdades sociais, o racismo e, acima de tudo, colaborar para trazer um pouco de paz para o povo, e assim, quem sabe, tentar deixar alguma contribuição, mesmo que mínima, para o futuro das próximas gerações, além de registros de um marco positivo sobre a vida de milhões de brasileiros. Eu fiz uma escolha e nada me convencerá de que estou errada.

Há anos, um amigo muito próximo disse que um indivíduo de esquerda é um abusado. E é mesmo. Abusamos da paciência da família e eles são tão nobres que conseguem compreender quase tudo e, quando voltamos, sempre estão abertos ao acolhimento.

Na caminhada, aprendi a entender o que é ser de esquerda com um mestre, e ele se chama Luiz Inácio Lula da Silva.

Com os discursos desse gigante, depois de plenárias, encontros ou até mesmo comícios, eu sempre voltava para casa com meu pai, fortalecida e cheia de esperanças de um Brasil melhor, desde a precoce militância, que iniciei na pré-adolescência. Lembro-me de ir dormir repetindo mentalmente algumas passagens da fala do ex-presidente. Era lindo demais!

E o encantamento por um Brasil melhor foi sem dúvida incorporado à imagem de Lula. Explicações e repetições sobre políticas públicas de seus governos são dispensáveis, até o capitalista império norte-americano reconheceu, e não é à toa que ele é "o cara".

A iminência da prisão injusta de um dos maiores líderes políticos da América Latina, já condenado sem provas, me mostrou naqueles dias de cobertura midialivrista no Sindicato dos Metalúrgicos do ABC, a força, não só de petistas, mas de muitos outros personagens da esquerda.

Voltando à quinta-feira, dia 5, tentei conversar com vários parlamentares reunidos no Diretório Nacional do PT, mas poucos quiseram emitir opiniões antes do término da reunião. Compreensível. Aquele era, sem nenhuma dúvida, o momento mais crítico da história do partido. Seus dirigentes e parlamentares estavam nitidamente teme-

NÃO ERA POSSÍVEL ESTAR EM OUTRO LUGAR

rosos. Já a militância petista dava sinais públicos nas redes sociais e nas ruas, desde pelo menos um mês antes da prisão, de que não aceitaria sob nenhum acordo, o cárcere. Prender Lula, para muitos, era uma forma de tentar aprisionar cada uma daquelas faces enrugadas, cansadas, mas com muita luta ainda por fazer.

Soube do pedido de prisão durante uma entrevista que transmiti ao vivo com o deputado Paulo Teixeira (PT-SP). Daquele momento em diante, testemunhei a resistência do povo brasileiro contra o paradoxo da Justiça injusta.

Já em São Bernardo, nas ruas em torno do Sindicato, pude ter certeza de que Lula não se entregaria, apoiado pelos milhares de guerreiros que ali estavam. Pude conversar com muitos que confirmavam a todo instante que, a depender deles, o ex-presidente não sairia do sindicato para cumprir tal prisão injusta. A não ser que as forças de segurança agissem de maneira truculenta e as vidas de centenas ou até de milhares de pessoas que ali estavam fossem ceifadas.

O clima era só resistência. Ali eu vi gente de braços dados, em um cordão imenso em volta do prédio do sindicato. Gente de todo tipo. Velhos, jovens, pobres, classe média, analfabetos, intelectuais, peões das fábricas, parlamentares, estudantes, e não tinha como não querer estar ali. Era gente da gente, era gente igual ao Luiz Inácio, de Garanhuns.

E estar ali, como jornalista da mídia livre, era resistir ao lado de cada um dos "Lulas" que partiram literalmente para a desobediência civil.

Tive acesso à sala onde Lula estava em dois rápidos momentos. Se lá fora o poder e a força eram gigantescos, lá dentro não era diferente. Muitos estavam revoltados, indignados e prontos para resistir e proteger o ex-presidente, caso ele desejasse descumprir a ordem de Moro.

Lula é um cara gigante. Vi o ex-presidente transmitir força e racionalidade aos que ali entravam para lhe acarinhar. Na minha vez, não foi diferente. Assim que entrei na sala tão concorrida para rapidamente tentar transmitir força a ele, não consegui ser igual ao povo lá de fora. Desabei.

Lula pegou minha cabeça e a colocou sobre seu peito e repetiu quase a mesma frase que ouvi na juventude, quando o conheci: "Menina, a gente precisa de gente forte lá fora". Não sei se houve foto, eu só o abracei e saí. Queria emanar forças a ele, mas confesso que falhei.

Com um sentimento de débito com a militância e com o próprio ex-presidente, respirei, enxuguei as lágrimas, ergui a cabeça e fui para a rua absorver a força do povo que estava acampado na frente do prédio. Lá fora, encontrei meu companheiro de vida, aquele que eu arrisco perder por tantas vezes, nas inúmeras ausências, em razão do trabalho. E é como falei, a família sempre está pronta ao acolhimento. Fui abraçada.

Naquele sábado, dia em que Lula, após um dos discursos políticos mais fenomenais que presenciei na vida, saiu carregado nos braços do povo, eu fazia uma transmissão ao vivo pela rede Jornalistas Livres.

Tomei a decisão de não subir no caminhão onde Lula discursaria, para poder ficar numa perspectiva que me desse mais liberdade para falar com as pessoas que estava na rua, na hora em que eu quisesse. Então, fiz a transmissão com outros Jornalistas Livres do alto de uma casa em frente ao sindicato, um escritório político que acabou virando uma espécie de base da nossa rede naquele dia.

Do alto, a gente tem uma dimensão ampla sobre o que ali estava acontecendo. Lula falou tudo que já sabemos e foi generoso com a história daqueles que ficaram ao seu lado até ali.

O povo gritava a todo instante: "Não se entrega, não se entrega".

Era o clamor das faces molhadas de lágrimas que eu avistava ali de cima. Tentei ali, ao vivo, pelas redes sociais, narrar cada detalhe, cada história de luta das milhares de pessoas presentes. E, de longe, pelas redes, o brado e a força de um povo que não queria ver Lula na cadeia eram monumentais.

Não era mais um momento qualquer de jornalismo. Era uma cobertura com milhões de pessoas sendo alcançadas. E uma cobertura inédita. A audiência da Globo foi superada pela audiência da TVT.

NÃO ERA POSSÍVEL ESTAR EM OUTRO LUGAR

Lula tentou sair do Sindicato e o povo não deixou. Teve de voltar, entrar, repensar.

Mais tarde, vi essa gente apanhar de seguranças. Parecia não se importar. E Lula entrou no carro. Foi pra Curitiba.

Um apito soou no meu ouvido: fim de jogo. Vi parte da equipe do ex-presidente saindo do sindicato, pessoal guerreiro. O apito tocou novamente. Anestesiada, pensei: acabou esta partida, vamos nos preparar para a próxima.

Foi um capítulo histórico da vida do Brasil que eu ajudei a narrar. Mas que se não tivesse sido embalado e fortalecido por aquela gigantesca mobilização de gente vinda de tantas partes do país e até de lugares longínquos do mundo, como por exemplo, a Noruega, não teríamos o privilégio e a emoção de estar lá.

Depois de plantar o mal, a colheita do Judiciário em parceria com os setores hegemônicos da mídia não rendeu bons frutos. Desse "plantio" nasceu uma das cenas que mais me emocionaram na vida: Lula nos braços do povo, sendo conduzido para dentro do Sindicato, berço de sua vida política.

Era como se, ali, Luiz Inácio estivesse sendo preso pelo povo num cárcere de amor, de cuidados, de esperanças.

O Brasil ganhou em História, mas perdeu de maneira vexatória para o resto do mundo. Em razão dessa prisão virulenta, absurda, e também porque permitiu que a cultura do ódio fosse escancarada pelo Judiciário e disseminada pela mídia tradicional.

Mais de uma vez, o barulho do helicóptero da rede Globo tentou abafar a voz de Lula no discurso, mas não conseguirá abafar o brado forte de milhares de Lulas que estão acampados em Curitiba e espalhados pelo Brasil, mantendo viva a resistência iniciada naquele sindicato. Tampouco abafará as vozes da mídia livre, que, mesmo sem recursos, segue em frente, porque tem uma missão a cumprir com o povo deste país.

KÁTIA PASSOS

A maldade de senhoras e senhores de toga que não se intimidam em jogar qualquer jogo, quando o assunto é poder, terá de descer por suas goelas, quando câmeras do mundo inteiro capturarem a imagem de Lula saindo da prisão nos braços do povo. E eu vou estar lá. Afinal, a gente precisa de gente forte aqui fora.

"NÃO PODERÃO NOS ARRANCAR A ESPERANÇA"

DEBORAH CAVALCANTE[*]

Sobre a tristeza

Não foi uma surpresa. O *front* inimigo já havia deixado nítido: iriam até o fim para impedir Lula de se candidatar em 2018. Apesar disso, foi impossível conter a tristeza. Havia somente vinte e dois dias que arrancaram de nós a camarada Marielle Franco, em uma execução política e brutal no Centro do Rio de Janeiro. Sem ameaças prévias, quatro balas na cabeça arrancaram a vida de uma vereadora do PSOL negra, feminista, favelada, LGBT e socialista. Por ela, choramos e ocupamos as ruas, indignados(as).

Com essa ferida aberta, ainda sem a garantia de verdade e justiça, recebemos a notícia da condenação do ex-presidente Lula, em um processo judicial que mais parecia um roteiro de um filme trash e previsível. Um gosto amargo na boca traduzia o *mix* de raiva, indignação e tristeza. Não tinha como ser diferente, já que se tratava de um julgamento político

---

[*] Mestranda em Ciência Política na Unicamp, ativista do Movimento RUA – Juventude Anticapitalista e membro da Insurgência, corrente do PSOL.

e de um passo fundamental para implementar um projeto neoliberal ortodoxo, sem mediações e conciliações, que reordena o Estado brasileiro e atropela a nossa frágil democracia.

Para estar na resistência em frente ao sindicato dos metalúrgicos, portanto, bastava acreditar na importância da democracia e compreender a profundidade da luta política que está aberta no país. Pouco importava a simpatia com a figura do Lula, embora ele conseguisse arrancar sorrisos do povo choroso em São Bernardo até na última fala. Não estavam colocadas na ordem do dia as enormes diferenças e insatisfações que acumulamos ao longo dos governos do PT. A grande questão que unificou a resistência em São Bernardo eram as provas cabais da inflexão pró-capital e pró-conservadorismo na conjuntura que segue se qualificando após o golpe em 2016 através da grave retirada de direitos sociais, econômicos e democráticos.

Ao lado de camaradas que choravam, não por mística, não por acreditarem que antes do golpe nosso projeto estava sendo implementado a fundo, mas por saberem que aquilo significava que o Brasil não seria mais o mesmo, enviei uma mensagem para minha mãe, comunista e piauiense, que sentia dor semelhante a 3 mil km de distância e disse: gostaria de estar com você em São Bernardo agora. Também era o desejo dela.

Um espectro ronda o Brasil — e não é o do comunismo. É a força de uma direita insaciável que consuma mais uma etapa política do golpe brasileiro. Após os dias em São Bernardo, no sábado à noite, enquanto Lula estava a caminho de Curitiba, andava pelas ruas de Perdizes, um bairro elitizado de São Paulo. De repente, ouvi fogos, olhei para o alto dos prédios ao lado e as duas coberturas estavam piscando suas luzes sem parar. Celebravam a chegada do Lula em Curitiba. Guardei essa imagem na cabeça: sem dúvida, era uma festa das classes dominantes herdeiras da casa-grande.

Sobre a indignação

Os olhos em São Bernardo não carregavam só tristeza, a indignação também estava latente. "Não tem arrego" ecoava em unidade, repe-

"NÃO PODERÃO NOS ARRANCAR A ESPERANÇA"

tidamente, entre os manifestantes. Antes de ir para o sindicato, ouvi de uma querida professora a pergunta de quando iríamos radicalizar, fazer greve de fome e cerrar fileiras a sério na esquerda para enfrentar a ofensiva. As mesmas questões que uma jovem companheira do RUA apresentava horas depois. O mesmo sentimento que movia uma senhora que disse ao meu lado ter ido sozinha para São Bernardo saindo do Campo Limpo para garantir que não tirassem o Lula dali, não daquele jeito.

Indignação nos braços duros e dados daqueles(as) que fizeram um cordão em volta do sindicato para que Lula não saísse. Que aflorava ao entender, de uma vez por todas, que o golpe não tem freios e cabe a nós colocá-los. Indignação contra o mais antidemocrático entre os poderes da República, o Judiciário, por determinar quem seriam os candidatos em 2018 e substituir a força, limitada, mas importante, das pessoas decidirem sobre os rumos do país nas urnas.

Sem qualquer controle, desde o início da acusação ao ex-presidente Lula, os representantes do Ministério Público Federal viraram meme na internet: não tinham provas cabais, mas convicção não lhes faltava. Para deixar qualquer estudante de Direito em dúvida sobre qual será exatamente o seu ofício, o processo se transformou em um grande espetáculo, mais interessante e com mais audiência que as novelas das 21h. A suposta neutralidade apoiada no devido processo legal resguardado em garantias constitucionais foi substituída por um julgamento político e parcial, sem vergonha de demonstrar sua essência abertamente.

É verdade que os presos provisórios no Brasil, que representam 40% de toda a população encarcerada, já conhecem essa história. Que lideranças indígenas e camponesas são exterminadas pelo coronelismo e pelo agronegócio assassinos nas linhas de frente da resistência nos rincões. Ou que as mães e pais que receiam que seus filhos não cheguem em casa vivos nas quebradas, becos e vielas deste país veem essa democracia de que falamos quase como um sonho. Que os jovens negros e pobres assassinados pelas polícias sofrem um julgamento de morte, que também é político e parcial, cotidianamente. Não podemos esquecer, nem por um segundo, que a defesa da democracia precisa alcançar um acerto de contas histórico com o povo pobre e negro.

DEBORAH CAVALCANTE

A mudança de qualidade da atual conjuntura é ver esta lógica perversa de dois pesos e duas medidas avançar sobre um ex-presidente, que estava em primeiro lugar nas pesquisas de intenção de voto. Entender o significado disto é fundamental para todos que lutam por uma sociedade livre de exploração e de opressão. Afinal de contas, este futuro de igualdade, liberdades e direitos só virá da luta e, ao prender Lula sem provas cabais, a resposta dos de cima, armados com o poder coercitivo, tem um alcance potencial ainda maior sobre os de baixo, para intensificar a criminalização do ativismo, dos movimentos sociais e a perseguição às ideias libertárias e de esquerda.

Há quem esteja aplaudindo o espetáculo e seu desfecho. Com a divulgação de Moro dos áudios entre Lula e Dilma para a Rede Globo, a Globonews foi premiada com o Golden Nymph Awards, no 57º Festival de Televisão de Montecarlo, no principado de Mônaco, na categoria "furo de reportagem em coberturas ao vivo". Meses depois, Moro afirma: "Não me arrependo de forma nenhuma, embora tenha ficado consternado com a celeuma que a divulgação causou", em entrevista no fórum Amarelas ao Vivo, promovido pela revista *Veja*.

A decisão de condução coercitiva do réu que sequer havia sido intimado para depor e a determinação de grampo telefônico no escritório de advocacia do ex-presidente revelaram mais do que "excentricidades", demonstraram a existência de uma profunda luta política, sem paridade de armas. De um lado, Moro, construído pela grande mídia como o herói nacional anti-lulista, com o poder de decidir o desfecho dessa história. De outro, o eleitorado de Lula e o setor que embora não apoie o Lula como alternativa para 2018 se posicionava contra as arbitrariedades de um poder autoritário e incontrolável. Neste momento, saímos perdendo. Enquanto isso, a corrupção não retrocede, porque este não era o objetivo. Aécio e Temer continuam livres.

Sobre a esperança

Mais uma peça do quebra-cabeça dos de cima foi montada, ao lado da Emenda Constitucional 95, da Reforma Trabalhista e de uma série de medidas antipopulares. Não há alternativa que não seja usar as muitas mãos que temos para tirar cada uma das peças, embaralhar e fazer um novo desenho.

"NÃO PODERÃO NOS ARRANCAR A ESPERANÇA"

Ainda é possível acreditar nas nossas próprias forças transformadoras, apesar da defensiva. A força numérica das milhares de pessoas que ocuparam as ruas nos dias seguintes à execução da Marielle ajudaram a acalentar nossos corações doloridos. Quiseram matar uma negra, feminista e socialista e levaram seu corpo de forma brutal. O que não sabiam é que suas ideias ficariam gigantes, (re)conhecidas pelo país e pelo mundo, simbolicamente plantando sementes que não irão permitir que sua luta tenha sido vã. E não foi. Nos arrancaram o corpo de Marielle, mas não poderão nos arrancar a esperança presente em suas ideias.

Nossa força está em construir lutas que se combinam e podem se fortalecer. O mais político entre os ditos não-políticos, João Dória, prefeito de São Paulo, sofreu uma grande derrota recente. Queria aprovar, a toque de caixa, uma proposta de reforma da previdência municipal draconiana. Não contava que o povo pudesse enfrentá-lo e, ao final, teve que retroceder. Longe de qualquer consciência sobre o impacto de sua proposta para a deterioração da vida dos servidores que trabalham para o município que administra, Dória retrocedeu porque a greve e a radicalização dos servidores municipais colocaram uma linha e garantiram que ele não passaria dali. Quando parecia impossível vencer essa batalha, foi a esperança que garantiu que esses(as) lutadores(as) seguissem em frente, firmes.

Em outra situação, o atirador não identificado do alto de um prédio de classe média em São Bernardo dirigiu um tiro à ocupação "Povo Sem Medo" do MTST, em setembro de 2017. Seu objetivo era dispersar os milhares de pessoas ali acampadas, mas não sabia que se tratava de um formigueiro. Com mais firmeza e indignação, a ocupação dobrou de tamanho em um mês e se tornou símbolo de resistência e de esperança. Esta ocupação, inclusive, que já tem uma vitória parcial com a conquista dos terrenos para a construção dos apartamentos, fez uma assembleia imediata ao saber da decisão de condenação do ex-presidente Lula e moveu duas mil pessoas para iniciar a resistência em frente ao sindicato dos metalúrgicos. Ali ficaram até o último minuto.

Reivindicar as experiências de luta e resistência recentes está longe de ser um otimismo descabido. É sabido que o signo geral é de derrotas. Olhar para estes exemplos simbólicos de resistência ajuda a identificar o caminho para o qual devemos marchar em unidade, em vias de reconhecer que a tarefa número um do momento é enfrentar essa direita ultraliberal, conservadora e reacionária que executa Marielle, prende Lula sem provas, projeta figuras como Bolsonaro na vida política nacional, implementa intervenção militar no Rio de Janeiro, desfere tiros em ocupações e na caravana do Lula, aprova o escola sem partido, a Reforma Trabalhista e a EC 95.

Nesta encruzilhada, a primeira tarefa é, sem hesitação, construirmos uma frente ampla com todos(as) que quiserem defender a democracia. Só assim conseguiremos cravar a mesma linha que os servidores municipais de São Paulo impediram Dória de ultrapassar. É a única forma de impedir que o golpe, sem freios, siga atropelando direitos e aqueles que os defendem. Nenhuma disputa eleitoral ou programática deve impedir esta tarefa política imediata e urgente.

A segunda é reorganizar as forças sociais, políticas e programáticas de forma estratégica para a contraofensiva. Sem dúvida, é uma tarefa de longo prazo, mas o futuro também se constrói no presente. A exigência é por um projeto de país que possa (re)encantar e mobilizar a juventude, os desiludidos com a política, o povo trabalhador, as mulheres, o povo negro e as LGBTs.

Não poderão nos arrancar a esperança no novo, para que supere efetivamente os erros do passado. Não só porque queremos, mas porque não há outra forma. A estratégia que organizou o ciclo político anterior conduzido pelo petismo, de conciliação rumo ao ganha-ganha entre classes, foi interrompida e não há nenhum sinal de que seja possível apostar nesta alternativa para valer. Se houvesse espaço para isso, Lula não teria sido preso.

Os governos do PT não enfrentaram, a fundo, os privilégios das elites no país, que hoje comemoram sua prisão. Conflitos de classes foram apaziguados, cedendo parte dos ganhos aos mais pobres e a parcela maior aos mais ricos. A pergunta que ronda a cabeça da militância de esquerda é: por que, depois de 13 anos de governos petistas, a direita conservadora conseguiu acumular tanta força? É necessário olhar para os retrocessos no processo de auto-organização da classe na última década.

"NÃO PODERÃO NOS ARRANCAR A ESPERANÇA"

Vivemos um momento, como dizia Eduardo Galeano, em que o velho está morrendo e o novo, apesar de estar sendo gestado, ainda não nasceu. As mobilizações de junho de 2013 colocaram em xeque pela primeira vez a hegemonia que o campo petista detinha sobre as manifestações de massa no país. E justamente porque o novo ainda não havia nascido, foram posteriormente capturadas pela direita para implementação do golpe.

Nossas apostas devem ser em outra governabilidade, que não fortaleça os conservadores que se transformam em golpistas na primeira oportunidade. Que não se alie para fortalecer a burguesia que tem como único interesse a busca incansável pelo seu próprio lucro. Que não esqueça o poder transformador de um povo consciente. Que não prescinda da mobilização para aprovar suas medidas. Que avance em mudanças estruturais, para que não as derrubem tão facilmente. A esperança há de vencer o medo e erguer o novo.

Um querido dirigente, Fernando Silva, me disse que nenhuma revolução foi forjada sem derrotas e sacrifícios imensos. Que é dessas dores intermináveis que sentimos desde o último 14 de março, quando nos levaram Marielle, que virá uma força que nem imaginamos hoje que a temos. A foto que fica de São Bernardo é a do Lula nos braços de um povo aguerrido. É nesse povo que resiste a esperança e, esta, ah... não irão nos arrancar.

7 DE ABRIL DE 2018

FERNANDO SARTI FERREIRA[*]

I

No dia 27 de novembro de 2014, a fatídica nomeação de Joaquim Levy para o Ministério da Fazenda foi um indicativo de que, talvez, para além de superar historicamente a experiência do Partido dos Trabalhadores, a esquerda e a classe trabalhadora brasileira deveriam se preparar para defender os avanços dos governos petistas do próprio PT. A partir dali a coisa só piorou. Foi difícil pensar em organização para além do calendário imposto pelas forças reacionárias do país, situação bem diferente dos anos petistas, quando, apesar da repressão brutal típica do Estado brasileiro, houve o florescimento de novos atores, movimentos e práticas políticas. Não nos referimos aqui aos grupos que se descolaram do PT, achando que poderiam corrigir os rumos do projeto democrático popular, principalmente após o enorme desvio provocado pela "Carta aos Brasileiros" de 22 de junho de 2002. A tentativa de superar o PT por esta via levou estes grupos à insignificância social. A tarefa de superar-assumindo ficou um pouco mais difícil frente a possibilidade de total aniquilação das conquistas petistas por parte das forças reacionárias.

---

[*] Historiador e membro do GMarx, o Grupo de Estudos sobre Marx da Faculdade de Filosofia, Letras e Ciências Humanas da USP.

7 DE ABRIL DE 2018

II

Não há como se mexer no concreto sem ter em conta que os sujeitos históricos são frutos de uma construção material, relacional e prática. Havia disposição e condições para a construção de algo para além do PT antes do PT? Lula seria capaz de resolver tarefas que ele nunca se propôs? É possível a incorporação dos miseráveis ao capitalismo periférico? E a República? É possível aqui também? O voto, a Constituição, todas essas quimeras, foram frutos do movimento concreto e popular que acelerou o fim da ditadura. A derrota deste movimento, cujo PT foi sua maior expressão, é a nossa maior fonte de aprendizado. E isso quem disse foi Lula. E também Rosa Luxemburgo.

III

O reformismo foi fraco e a reação ultrapassou com muita força o impacto do reformismo. Foi então ele fraco? É preciso redimensionar o impacto da experiência petista. Parodiando um historiador e fazendo um exercício de futurologia: "A luta entre as ideias e forças do reformismo fraco e da reação forte são o motor primário da espiral de violência política após o golpe de Estado". Nós não conseguimos ultrapassar a agenda petista, de maneira massiva e em escala nacional. Quando sim, por um breve momento em junho de 2013, perdemos a direção do movimento para a reação. A partir daí, ela extrapolou o seu alvo petista e avançou sobre todos nós. Atacar Lula e o PT, já há algum tempo, não se trata de atacar Lula e o PT. Pouca gente se importa se você diz o contrário. Estamos falando de pessoas concretas, que vivem situações concretas.

IV

Em julho de 2016, José Serra, uma das figuras de proa do golpe de Estado, afirmou que a vitória de Donald Trump seria um "pesadelo". A agenda ultraliberal da coalizão golpista exigia o fim de qualquer mediação política — a nomeação de Levy não irá esgotar nunca o seu ridículo. A coalizão adiantou-se e tomou posição tendo em vista as novas rodadas de liberalização do mercado mundial que seriam capitaneadas por Hillary Clinton e o pesadelo transpacífico. Havia uma agenda concreta e que pôde se "legitimar" por meio da mobilização de uma classe média iludida e moralista, chocada com a pressão a que fora submetida no mercado de trabalho e nos espaços que marcavam sua distinção como classe. Cotas, avião, CLT para empregados domésticos, tudo isso é corrupção. Não perde por esperar o contrário da inclusão tímida e somente pelo consumo: a violência sem objetivo algum.

V

Como diz um velho professor, "a História é sempre mais canalha". O imponderável, este verdadeiro carrasco dos homens de visão, fez das suas. O pesadelo daquele que não dorme se concretizou. Não havia mais agenda internacional. Golpe de Estado passou a ser um termo extremamente elogioso para a situação que nos encontramos. Aquele pressupõe uma agenda, é fruto de uma ação consciente. A destruição do colchão de proteção social construído a partir de 1930 já não obedece a um comando único. Agora vivemos a mera desagregação social.

VI

Um breve conto. "Ao entrar no zoológico, não hesitou. Em um primeiro momento, abriu as jaulas. Depois, os portões que davam acesso à avenida que se dirigia ao centro da cidade. Vibrou ao ver como os leões colocaram as pessoas contra a parede. Dava gritos de alegria ao ver como os elefantes pisoteavam pobres coitados. Se divertia com os macacos puxando o cabelo das crianças. Mesmo as girafas, tão simpáticas, contribuíam para o espetáculo, espichando seus pescoços até a laje das casas e prédios e denunciando aos gritos as pessoas que se achavam mais espertas ou pensavam não ter nada a ver com aquilo.

Ao seu lado, um amigo chato, daqueles cuja principal função é recobrar nossa consciência, perguntou:

— Rapaz. Como é que você vai fazer para trazer todo mundo de volta pra jaula?"

7 DE ABRIL DE 2018

VII

O Benefício da Prestação Continuada, o BPC, deve ser concedido às seguintes pessoas: "1) a pessoa portadora de deficiência e que seja incapacitada para vida independente e para o trabalho; 2) o idoso que conte com 65 anos de idade ou mais; 3) a renda mensal *per capita* da família do requerente seja inferior a um quarto do salário mínimo; 4) o requerente não receba qualquer outro benefício da seguridade social". A Reforma da Previdência proposta pelo consórcio golpista aumenta a idade de acesso de 65 para 70 anos — a expectativa de vida no Maranhão é de 70 anos — e desvincula o valor do BPC do salário mínimo, podendo o valor do benefício estar abaixo daquele. O dia 31 de agosto de 2016 representa um marco. Se até então nós sabíamos de cor e salteado os limites do PT, a partir daquele dia nos seria apresentado os limites que o PT impunha.

VIII

A prisão de Lula representa muita coisa. Por mais doutorados, bolsas de estudo, livros publicados e colunas na imprensa burguesa que os limites do PT tenham proporcionado, é Lula quem continua apavorando a burguesia brasileira. A luta de classes ainda passa por ele. E naquele dia em São Bernardo nos foi mostrado que não haverá mais conciliação ou cooptação. De Zumbi a Marighela, Manoel Fiel Filho e Marielle, passando pelos Conjurados Baianos, balaios, cabanos, malês, anarco-sindicalistas, comunistas, queremistas e novos sindicalistas, todos patrimônios da história da classe trabalhadora brasileira, todos pagaram em algum momento o preço por concretamente extrapolarem os limites do "aceitável" para nossas classes dominantes. No dia 7 de abril essa faixa se estreitou radicalmente. E é dessa situação concreta que partimos.

NEM POR LULA, NEM PELO PT: POR QUE FOMOS A SÃO BERNARDO DO CAMPO*

Sexta-feira, 6 de abril de 2018. Neste dia, nós, junto a milhares de militantes de todo o estado, estávamos a caminho de São Bernardo do Campo, mesmo sem sabermos exatamente por quê. Para responder a essa pergunta, primeiro tentamos entender como chegamos àquele momento, como o Brasil chegou a este ponto.

O Estado que afastou Dilma, prendeu Lula e continua a retirar cada vez mais direitos duramente conquistados é consequência dos governos petistas. Um governo não é independente de outro, seja seu antecessor ou seu sucessor. Ou seja, o mandato de Temer acontece em decorrência do de Dilma, de Lula e de todos os outros precedentes, com uma acumulação histórica que desemboca no presente. Do mesmo jeito, o futuro do Brasil depende desta história acumulada somada ao momento que vivemos. Assim sendo, devemos entender que se hoje tentam nos enterrar, é porque nossa cova vem sendo cavada há anos. Durante os governos petistas, a população carcerária passou de 239 mil para quase 727 mil pessoas. O assassinato de indígenas cresceu

---

* Este texto foi elaborado por dois estudantes secundaristas, anarquistas e antifascistas que optaram por não se identificar.

NEM POR LULA, NEM PELO PT: POR QUE FOMOS A SÃO BERNARDO

269%, as privatizações continuaram, as mortes no campo aumentaram 15%, deram-se início às políticas de austeridade, lucros recordes de bancos foram relatados, acompanhados de endividamentos em massa da população.

Estes processos se arrastam há anos, mas para muitos são quase imperceptíveis. As alianças para a manutenção no poder levaram o PT para uma rua sem saída. Ou concedia mais, ou caia. A perseguição a movimentos sociais também não começou a partir da queda de Dilma. Lula criou, em 2004, a Força Nacional de Segurança Pública, utilizada em repressões a manifestações, greves, rebeliões em presídios, crises de segurança em geral. Mais tarde instituiu o GEO-PR, megabanco de dados sobre movimentos sociais, em 2005. Assim como fez Temer em 2017, a então presidenta Dilma acionou as Forças Armadas contra protestos em 2013. No mesmo ano, sancionou a Lei das Organizações Criminosas, usada na prisão de membros do MST em 2016. Também encaminhou e aprovou a lei antiterrorismo, que abriu espaço à criminalização de movimentos sociais, como o ocorrido durante manifestação em Brasília, também em 2016.

Contribuindo também à militarização, em especial da cidade do Rio de Janeiro, usaram e abusaram das Forças Armadas. Em 2002, durante as eleições, no carnaval de 2003, na megaoperação no Complexo do Alemão em 2010, em 2011 para a "pacificação" da Rocinha, para a Rio+20 em 2012, em 2013, com as manifestações e a Jornada Mundial da Juventude, para a Copa do Mundo e a invasão do Complexo da Maré em 2014. A própria política de UPPs, Unidades de Polícia Pacificadora, iniciadas em 2008, foi defendida pelo então presidente Lula, que chegou a propor sua continuidade país afora. Segundo ele, *"o Rio de Janeiro não aparece mais nas primeiras páginas dos jornais pela bandidagem. O governo fez da favela do Rio um lugar de paz. Antes, o povo tinha medo da polícia, que só subia para bater. Agora a polícia bate em quem tem que bater, protege o cidadão, leva cultura, educação e decência"*.

Os reflexos dessas conciliações engolem não só o PT, mas todos nós. A rejeição de um *habeas corpus* de Lula, com placar de 6 votos contrários reflete essa questão: 4 ministros foram indicados por Dilma, um por Lula e um por Temer, vice de Dilma. Juntam-se a isso as ameaças de intervenção militar. O comandante do Exército, autor de comentário duvidoso em relação ao julgamento no STF, também foi nomeado por Dilma. Os resultados dessa política conciliadora não se revertem apenas contra o Partido dos Trabalhadores, Dilma e Lula. As concessões transformaram-se em política de governo, e os atingidos são principalmente os de baixo, encarcerados e mortos diariamente pelo Estado.

Então, nos deparamos com nossa segunda pergunta: por que defender Lula, depois de tudo que ele fez? Aliás, deveríamos defendê-lo? E agora entramos em nossa segunda parte do texto, sobre por que fomos a São Bernardo.

O que nos levou a São Bernardo do Campo naquela sexta-feira

Sexta-feira não foi um dia normal. O país não se encontrava em festa nem em luto, mas em estado de atenção. Pairava no céu a pergunta do que seríamos no dia seguinte. Para muitos, a salvação. Para outros, o fim do mundo. E apesar de vários não se posicionarem quanto à prisão de Lula, reflexo da perda de apoio tanto dele quanto de seus opositores, todos assistiam com atenção ao que estava para acontecer. Nós não fugimos à regra.

O dia amanheceu como qualquer outro, e nós mal sabíamos que terminaríamos pernoitando no Sindicato dos Metalúrgicos do ABC, junto a algumas centenas de pessoas. Na noite de quinta-feira, pegos de surpresa com as mobilizações marcadas para o dia seguinte, decidimos observá-las com atenção e preocupação. Apesar do cancelamento da manifestação em São Paulo, conseguimos uma carona de última hora para São Bernardo. No caminho, a discussão, e dessa vez a pergunta era outra: *Como nós chegamos àquela situação?*

Partindo do princípio de que não íamos em defesa de Lula, a quem nos opomos radicalmente, definimos alguns motivos que explicavam nossa ida a São Bernardo:

1. Estar do lado "popular", ou pelo menos minimamente progressista, onde existe uma abertura, por menor que ela possa ser, para ouvir

NEM POR LULA, NEM PELO PT: POR QUE FOMOS A SÃO BERNARDO

nossas propostas. A necessidade de diálogo e até de uma aproximação com essas organizações massivas e mobilizadoras, como CUT, MTST e MST, é iminente, especialmente neste momento crítico do país.

2. Ajudar na defesa da manifestação, tanto da polícia, quanto de milícias e de grupos de direita, porque estes estão sempre por perto. No acampamento em Curitiba, por exemplo, militantes do MTST foram alvo de agressões de torcedores curitibanos. Há muitas crianças, idosos, deficientes e pessoas com pouca experiência em repressão que podem acabar precisando de ajuda.

3. Tentar uma radicalização, tanto na palavra quanto nas ações. Muitas vezes, a disposição da base para resistir é grande, mas infelizmente as decisões são centralizadas e hierárquicas. Ou seja, não adianta apenas que integrantes destes movimentos decidam resistir fisicamente à repressão, teriam de se rebelar dentro das próprias organizações e tentar mudar isso. Aí entra nosso trabalho de base, com um incentivo à luta autônoma da base, mais radicalizada e independente de um líder supremo, seus interesses e a burocracia.

4. Por fim, e talvez menos importante, a prisão de Lula é uma injustiça, uma prisão arbitraria a qual devemos nos opor. Trata-se de um homem que não serve mais aos interesses dos ricos que comandam o Estado, e por isso é descartado, como ninguém deveria ser. Porém, e aí se explica o porquê deste ponto ser menos importante, Lula não deixa de querer ser um dos poderosos *novamente*. Não lhe bastaram os 8 anos de governo, de convivência com a burocracia, a injustiça e a corrupção estatal, ele quer voltar e sua defesa gira em torno disso. Não se trata de uma luta contra o encarceramento em massa, o sistema penal e as injustiças no país. É uma luta cooptada e transformada em comícios, e esse era nosso maior receio em relação a São Bernardo, a questão eleitoral por trás da luta.

Em resumo, não fomos por causa de Lula. Este é vítima de uma injustiça, de um sistema judiciário parcial e do ódio crescente da direita brasileira. Lula tem consigo uma mobilização gigantesca de mídia, militantes, advogados e políticos. Para o restante dos brasileiros submetidos às arbitrariedades da polícia e do sistema penal, lhes restam a morte ou as prisões em massa, esquecidas e já normalizadas não só por grande parte da população, mas por muitos na esquerda. Portanto, nossa presença não foi em solidariedade a Lula, mas aos que o defendiam, aos militantes presentes. Estes são muito mais vulneráveis neste Estado autoritário que se monta, estando totalmente entregues à brutalidade policial e à seletividade e parcialidade judicial.

São Bernardo e a traição aos militantes

Chegando ao sindicato, nossas primeiras decepções: onde estava a massa que disseram que estaria lá? A baixa adesão, reflexo da descrença não só em Lula, mas em toda a estrutura política representativa, da localização e do horário da mobilização e do cansaço emocional de militantes foi um primeiro choque. Será que algo grande realmente estava prestes a acontecer? Ou estávamos diante de mais uma mobilização que seria esquecida dois dias depois?

Junto a isso, e confirmando nosso maior receio, a luta eleitoral parecia continuar viva, e inclusive protagonista, nas mobilizações em torno da prisão de Lula. As alianças e concessões feitas pelos governos petistas, a queda de Dilma, os ataques aos direitos trabalhistas, civis e ambientais e a condenação de Lula não bastaram para convencer muitos de que o Estado não é flor que se cheire. Aliás, após dois anos do impeachment de Dilma, continuam as defesas de uma mesma "democracia", e não de sua ampliação e a busca por uma alternativa mais popular.

Em resumo, São Bernardo tinha tudo para ser apenas mais um dos atos que se confundem em nossas memórias. A mesma forma de discursos, os carros de sons, os palanques, a defesa de um líder, as danças, os tambores e as batucadas... Mas também havia algo diferente, que se destacava. A disposição da base para resistir era grande, apesar do medo de uma repressão violenta e de uma derrota iminente. Era visível que se dependesse dos militantes presentes, Lula não se entregaria e nem seria preso à força.

Justamente por isso, entregou-se, traindo a todos os presentes. Em seu discurso, *"Eu não estou acima da Justiça. Se eu não acreditasse na Justiça, eu não teria feito um partido político, teria proposto revolução. Acredito na Justi-*

NEM POR LULA, NEM PELO PT: POR QUE FOMOS A SÃO BERNARDO

ça, mas na Justiça justa, baseada nas acusações", deixa claro que sua resistência à prisão não se trata de um ato de subversão à lei e à ordem, uma rebeldia ao Estado, ao capitalismo ou à injustiça brasileira. Resiste pela injustiça e perseguição à qual está submetido, e apenas a isso.

Não nos foi surpresa esta traição. Políticos e sindicatos seguram comumente possíveis revoltas populares. Em 2016, a CUT suprimiu uma tentativa de greve contra a votação da PEC dos 20 anos. O mesmo em 2017, depois do sucesso da greve geral de 28 de abril. Segurou a revolta dos professores e servidores em São Paulo, agora em 2018, em conluio com outros sindicatos, movimentos presentes e até com a polícia. Também é uma prática de movimentos petistas e até de alguns psolistas entregar à polícia ou mesmo agredir adeptos da tática Black Bloc. Enfim, a lista estende-se...

Estes são apenas alguns dos atos de controle social empregados por grupos da esquerda institucional, que submete um grande número de militantes às decisões de líderes, os quais podemos até chamar de patrões. O medo de uma insurreição lhes é grande, porque esta não seria apenas contra políticos da dita direita, seria popular, demandaria muitas mudanças, estruturais e internas à própria esquerda. Lula entregou-se para cumprir a lei, porque desrespeitá-la junto a milhares de pessoas seria uma rebelião, e rebeliões não são contidas facilmente. Elas estendem-se e tornam-se radicais, atingindo vários setores da sociedade e assumindo pautas subversivas e insurrecionárias, que não podem ser acatadas pelo Estado e pela lei.

Mais grave ainda, e talvez menos surpreendente para nós, foi o modo como a traição aos militantes foi feita. Convocados a se deslocarem para outra cidade em plena sexta-feira, a pernoitar e a continuarem mobilizados durante todo o final de semana, foram traídos descaradamente. Lula e a cúpula do PT negociaram sua entrega, deixando no escuro aqueles que foram defendê-lo. E tudo isso concretizou-se com sua fuga. Foi necessário que, após uma tentativa falha de saída de Lula, uma falsa assembleia com os militantes fosse convocada para uma rua próxima, para que então ele fugisse, escoltado por seguranças, e se entregasse.

A crise da esquerda: o futuro das lutas sociais e da militância

Domingo amanheceu. Alguns comemoravam "o fim da corrupção", em uma grande ironia e falta de noção do momento atual. Outros lamentavam o "fim da igualdade", como se esta fosse algo que este país já conheceu. De qualquer modo, a vida dessas pessoas continuou, e duas semanas depois parece que o possível estopim de uma guerra, uma rebelião e uma hecatombe no país foi esquecido.

Uma parte da militância, os mais fanáticos e amorosos com a figura de Lula, continuam vivendo em função de sua prisão. Alguns no acampamento em Curitiba, outros nas redes sociais. Mas em geral, a prisão de Lula, a "continuação do golpe" e o "ataque à democracia" foram esquecidos. A Avenida Paulista não foi lotada, a Cinelândia não foi palco de confrontos violentos e Brasília nem tremeu.

Reflexo de uma militância desacreditada, negligenciada e traída, as lutas sociais parecem diminuir, em contradição com os ataques do Estado e do capital, que aumentam rapidamente. Fruto de um aparelhamento e de uma "domesticação" dos movimentos sociais por parte do PT e de outros partidos da esquerda institucional, a desmobilização é visível e preocupante. Pautas importantes como a intervenção federal no Rio são abandonadas e as ruas cada vez mais esvaziadas.

A esquerda encontra-se diante de um dilema: quais caminhos seguir e para onde. Não podemos mais insistir em candidaturas e partidos, apostando a cada quatro anos todas as nossas fichas em políticos. É preciso uma mudança, a consagração de um projeto popular que demande algo, e não alguém.

São Bernardo foi um marco nesse processo. Foi naquele final de semana em que morreu oficialmente o projeto petista, um ideal de liberdade e igualdade ao seu jeito e ao seu modo. Uma geração estava em luto. Era visível no rosto de muitos o vazio que se passava na cabeça, e compreensivelmente. O primeiro presidente sem curso superior e de origem operária, em quem se depositava toda esperança de um país novo e melhor, tornou-se o primeiro ex-presidente preso por crime comum. Mas é importante ressaltar que, se algo morria, outra coisa nascia.

NEM POR LULA, NEM PELO PT: POR QUE FOMOS A SÃO BERNARDO

Na volta a São Paulo, cansados e com fome, um menino se destaca na saída do metrô. Alegre e saltitante, segurando em uma mão um carrinho de brinquedo, e em outro sua mãe, cantava uma música: *"quem não pode com a formiga não atiça o formigueiro!"*. Era apenas uma criança, que em algum momento de sua curta vida teve contato com essa canção de protesto, e que algum dia entenderá por completo seu significado. Como ele há várias sementes de resistência, as crianças e adolescentes presentes na greve dos professores e servidores municipais de São Paulo em 2018, a ocupação de escolas em 2015/2016, as ocupações da luta por moradia, as barricadas por transporte digno, as paralisações contra as reformas trabalhista e previdenciária! Enfim, é o fim de um projeto, mas o começo de outro.

Nosso futuro é de luta, e não pode ser diferente. Uma tentativa foi feita, ela falhou e terminou de maneira trágica. Mas agora sabemos que caminhos tomar e quais evitar. A cada derrota aprendemos e nos renovamos, e o período que se inicia tem tudo para ser vitorioso, porque aqueles que ousam lutar ousam vencer, e as novas gerações vão à luta.

DEFENDER O PT, APESAR DO PT

PAULA APARECIDA[*]

Sou Paula Aparecida, professora da rede pública estadual e conselheira da Apeoesp pela oposição. Para mim, estar em São Bernardo começa ainda antes do meu nascimento. Minha história com o PT é uma história familiar que surge com Dona Diva, minha avó materna, uma retirante nordestina que correu o Brasil afora como boia-fria e caseira, quando ela decide tentar uma vida melhor em São Paulo. Depois de passar fome na cidade grande, virou empregada doméstica e começou a participar das Comunidades Eclesiais de Base em uma igreja da Vila Brasilândia. Quando eu nasci, minha avó já era uma liderança forte na comunidade do Jardim Guarani e militante ativa do PT. Passei a infância escutando suas histórias, em que metia o dedo na cara dos políticos da ditadura militar, exigindo regularização dos lotes, asfaltamento de rua e linha de ônibus. De vez em quando, via gente graúda do PT, como Erundina, na residência dela. Esse exemplo político dentro de casa me fez querer avidamente participar de tudo. Na escola, aos 7 anos, era conhecida como "a petista" entre alunos e professores.

O período eleitoral era uma diversão em família; eu sonhava com as panfletagens e boca de urna — ficava triste por uma eleição ser tão distante da outra. Na semana prévia ao pleito, panfletava para as pessoas

---

[*] Professora da rede pública estadual.

DEFENDER O PT, APESAR DO PT

do bairro e discutia com vizinhos e funcionários do comércio local a importância de votar no PT. O dia da eleição era a glória. Eu acordava cedinho, quase não dormia de ansiedade e ficava esperando a Kombi buscar todo mundo de casa para fazer boca de urna na porta das escolas. O dia inteiro com um misto frio e copo de suco. Entregava os panfletos perguntando se a pessoa ia votar no PT, caso dissesse que não, embalava em um megadiscurso para mudar de candidato; cheguei a convencer alguns jovens mais velhos pagos pelo Maluf a mudar de lado e me ajudar. As palavras que eu usava na época não saem da minha memória afetiva, infelizmente não consigo trazê-las literalmente, mas eram mais ou menos assim: "O PT é o Partido dos Trabalhadores, do povo pobre. Precisamos dos trabalhadores no poder. Quem domina a política são os ricos e a elite que trata a gente feito lixo. A gente precisa ter alguém lá que seja nosso. Colocar o PT lá, é colocar os trabalhadores no poder". Eu me sentia parte da história, parte do partido do povo, parte de uma transformação do mundo. Via o PT como o partido que iria acabar com a fome, com a miséria, com a situação dos moradores de rua. Apesar da tentativa de me tornar católica por parte da minha família, eu não rezava para Deus resolver a barbárie do mundo; mas falava sem parar no PT — nos trabalhadores no poder.

Comecei a me integrar à vida interna do partido e acompanhar minha avó. Em êxtase pela política, com 12 anos, diante de eleições internas partidárias, eu quis participar. Dona Diva então me levou à sede regional da Freguesia do Ó. Houve um primeiro estranhamento, porque filiação só era permitida para maiores de 16, mas no final preenchi a ficha e pude votar. As atividades do partido eram pautadas pelo calendário eleitoral. Muitas reuniões em período de eleição e pouquíssimas depois. Percebi que todo o foco era em preparar o discurso dos voluntários: as promessas (creches, escolas e posto de saúde na periferia), o desmascarar os demais candidatos com uma crítica mordaz contra a corrupção e o descaso generalizado com as demandas da população. Era Maluf isso, Maluf aquilo, Maluf aquilo outro. O foco era colocar o PT lá, depois disso, o mundo seria outro.

Nessa mesma época, abriu-se um debate na escola sobre o governo FHC. Um garoto falou bem do então presidente e eu tive poucos argumentos para rebater. Confesso que fiquei chateada, com o ego ferido — afinal eu era a politizada da escola. A partir daí, fui perguntando para a minha avó coisas da política que pareciam importantes, mas não eram discutidas nas reuniões — na maioria das vezes ela não sabia a resposta. Se a minha avó, liderança comunitária que havia se negado a ser candidata ao Legislativo pelo partido algumas vezes, não sabia dessas coisas, quem sabia? Os anos foram se passando e o meu estranhamento foi aumentando.

Nos anos 2000, com 14 anos, entrei no Cefam, antigo curso do magistério público estadual. Lá conheci Adriana, uma garota do PSTU que falava de revolução, de uma transformação radical da sociedade, do fim da ditadura dos burgueses/capital e o PT era eleitoreiro, reformista e queria conciliação com o sistema. Achei o máximo, dava uma explicação ao meu estranhamento dentro do PT. Então, decidi ingressar no PSTU; só não contava com o tamanho da oposição dentro da família. Nessa época, por conta das dificuldades financeiras dos meus pais, minha mãe e eu estávamos morando na minha avó, ou seja, não tinha como eu mudar de partido escondido da Dona Diva. Quando eu contei a história toda, primeiramente ouvi um sermão raivoso junto com uma proibição expressa da minha mãe em relação às reuniões de sábado do núcleo de secundaristas do PSTU. Parecia que sair do PT era como se eu tivesse sido pega em flagrante fumando crack no portão de casa. Tentei me manter firme, a rebeldia adolescente me ajudou, mas a experiência durou apenas quatro meses. Não tinha tanto suporte interno no PSTU para aguentar o baque; os problemas familiares e financeiros tinham tomado minhas energias.

Mesmo assim, continuei lendo o *Opinião Socialista*, jornal do PSTU, e posicionando-me criticamente ao PT no movimento secundarista. Ao mesmo tempo, minha avó foi deixando de ter responsabilidades no partido e minguando sua participação no movimento popular. Em 2002, ano fatídico da eleição de Lula, eu fazia o terceiro ano do ensino médio de manhã e cursinho da Poli à tarde. Foi um momento de isolamento político, me sentia uma versão da "Carrie, a estranha". Todos estavam extasiados com adesivos, bandeiras e materiais de campanha para o Lula, e eu fazia críticas em relação à subserviência do PT ao FMI, o pagamen-

DEFENDER O PT, APESAR DO PT

to da dívida, as alianças com grandes empresários exploradores e partidos da direita tradicional e oligárquica. Pessoalmente, eu tinha um senso anarquista de protesto, não tirei meu título em 2002, e não votei nessas eleições — fui mais radical que o PSTU, não queria fazer parte da entrada do PT na presidência.

Com 17 anos, caloura da Letras da USP e no final do mesmo ano me tornei diretora do CA. Entrei no MTL, que era claramente o grupo mais questionador do lulismo dentro da grande coalizão de esquerda que dirigia o DCE e a maioria dos CAs da USP, tal coalizão era hegemonizada pelo PT antes da existência do PSOL.

Nesses primeiros anos de mandato do governo Lula, o movimento estudantil começou a cindir entre uma política de conselheiro/amigo que pressionava o governo à esquerda; ou forjar uma esquerda independente e de oposição a Lula. A direção do Movimento Estudantil era o PT, já bem questionada pelo seu modo burocrático de organizar as lutas. Sempre colocando limites ao programa e métodos de organização, tentando copiar antigas fórmulas verticalizadas e agindo como se tudo já tivesse sido feito antes. Sempre com medo de o movimento ir por mais, de "passar da correlação de forças", um freio consciente baseado em um gigantesco ceticismo em relação as possibilidades de mobilização e vitória. O mais interessante é que essa é a parte do PT que hoje majoritariamente compõe as maiores correntes do PSOL. Digo isso, porque o governismo, como passamos a chamar o PT lulista no movimento estudantil, era ainda mais recuado politicamente. Eles eram a galera do ME festivo, pouco conteúdo, sem organizar lutas e sem fomentar debates políticos nas bases. Os escolhidos da "esquerda" que dirigiam as bases despolitizadas. Alguma disposição séria em criar uma ponte para levar essas bases para política? Não. Afinal, ser governista trazia um conforto profundo de que tudo estava sendo resolvido em Brasília, que o mínimo múltiplo comum era suficiente para ajudar seu governo a lidar com as contradições de um país profundamente desigual, estruturado sob as égides de uma elite racista, sanguinária e entreguista ao capital imperialista.

Enquanto isso, nos recônditos de Brasília, o PT avançava no seu governo social liberal, combinando concessões de demandas históricas do movimento popular (como cotas, o próprio bolsa família), com profundos ataques que fortaleciam o capital: através da direta transferência de renda aos banqueiros que é o pagamento da dívida, do bolsa empresário (patrocinando empresas como JBS e Oi com dinheiro do FGTS dos trabalhadores) e ataques da clássica agenda neoliberal como a reforma da previdência. Pela sua capacidade de contenção da luta de classes, Lula foi se tornando "o cara" para, como ele dizia, os setores "progressistas" da burguesia nacional. Nem o próprio FHC tinha conseguido aplicar a reforma previdenciária pela impossibilidade de conter a resposta dos sindicatos.

Enquanto estive no CA, organizamos uma grande campanha contra as reformas, a metade dos ônibus do DCE da USP para o ato nacional em Brasília era da Letras. A luta contra a reforma universitária foi um marco exemplar do *modus operandi* petista. Apregoar o Universidade para Todos, escancarando a porteira do ensino superior ao lucro dos capitalistas e fomentando a criação das indústrias/impérios do ensino superior privado — tudo isso com patrocínio estatal, por meio da isenção de impostos. Na época, foram feitos cálculos que demonstravam que o mesmo valor em isenção de impostos para as universidades privadas daria de quatro a cinco vezes mais vagas em universidades públicas. Não seria mais fácil ser reformista estatista? Continuar cobrando os impostos dessas universidades e não permitir que as antigas filantrópicas passassem a ter lucro e acionistas? Usar essa verba para patrocinar o ensino público numa transição rumo à estatização e gratuidade de todo o ensino superior?

No período da *pax lulista*, quando o governo conseguiu incorporar as lideranças dos movimentos sociais e sindicatos à lógica e ao aparato do Estado, o movimento estudantil da USP ziguezagueava entre ser conselheiro e ser oposição ao PT. A minha saída do MTL se dá no período de questionamento da existência da UNE, que havia virado porta-voz do governo no ME. A crise sobre o que fazer com essa entidade foi me afastando dessa organização política. Cheguei a participar das reuniões iniciais para a fundação de um novo partido e, também a recolher assinaturas para o que seria o PSOL. No entanto, acabei por entrar numa outra organização, a antiga LER-QI (atual MRT), por conta de seu claro posicionamento antigovernista aliado a um programa que tra-

DEFENDER O PT, APESAR DO PT

zia como prioridade as necessidades dos mais explorados e oprimidos — trabalhadores e povo pobre — em um local tão elitista quanto a USP.

Finalmente me formei e logo prestei o concurso de professora da rede pública estadual com outros militantes da minha organização. Abrimos um trabalho na Zona Norte de São Paulo, reduto da burocracia sindical petista na Apeoesp. Em 2011, me tornei professora e conheci pessoalmente a degeneração da maior central sindical da América Latina, a CUT. Quanta saudade do PT no movimento estudantil...

A burocracia trata o sindicato literalmente como sua propriedade privada e não como instrumento de luta. As reuniões mais cheias de representante de base (com abono de ponto) não contavam com metade das escolas representadas e eram de uma inutilidade gigantesca. A mesa sempre composta por algum político do PT que falava *aeternum* e a pauta "Plano de Lutas" ficava para o final — no melhor dos casos, meia hora de discussão; na maioria das vezes, nenhuma. Quase nenhum espaço para relatar os assédios morais, a situação nas escolas e preparar a categoria para enfrentar o governo Alckmin. O sindicato tem dono e os professores ficam sem voz. Em 2013, a mesma presidente do sindicato tentou a todo custo impedir a unificação entre educadores do estado e da prefeitura por conta do governo Haddad. Ela terminou a greve à revelia da votação em assembleia, o que causou uma enorme revolta dos professores da base, alguns escalaram o caminhão e sitiaram a direção majoritária do sindicato.

Do ponto de vista programático, é gritante a falta de formação política básica para quem se considera de esquerda. Numa conferência de mulheres da Apeoesp, fiz uma fala defendendo um programa histórico do movimento feminista: a construção de restaurantes e lavanderias públicas para que o Estado e os patrões paguem pelo trabalho não remunerado no sustento da população — uma política que sustenta materialmente o fim da dupla jornada. Qual não foi o meu espanto, quando do Bebel (a então e atual presidente do sindicato), se disse contrária a essa proposta, falando que isso era política do PSDB, o restaurante Bom Prato — terminou a fala chamando toda a oposição de tucana e puxando uma vaia direto da mesa.

125

Uma feliz coincidência que nossas assembleias eram marcadas junto aos atos governistas ou baseadas no calendário eleitoral. No entanto, nada de assembleias para organizar a categoria expressamente contra o golpe e contra o governo Temer. Interessante relatar que enquanto eu passava nas escolas da região como oposição, os professores não acreditavam que a Apeoesp era dirigida pelo PT, diziam que a Bebel era comparsa do Alckmin — nem os professores mais lulistas defendiam a direção petista na categoria. Várias vezes eu me vi no dever de defender a existência dos sindicatos como instrumento de luta para os próprios professores, já que a paralisia da burocracia sindical petista dava espaço para o discurso antissindical no seio da classe trabalhadora.

Em 2015, quando questionávamos sobre o fundo de greve, diante do corte de ponto orquestrado pelo governo Alckmin para incitar a desmobilização, a nossa subsede divulgou a "enorme" soma de R$ 10 mil para distribuir aos professores grevistas com as contas atrasadas. Nenhuma preparação para a luta, nem financeira e nem organizacional.

Nesse ínterim, surgiram as mobilizações de massa da tarifa em 2013, em que o PT já havia se incrustado na máquina estatal do capitalismo brasileiro a ponto de não poder dar nenhuma resposta concreta que dialogasse com os anseios da massa por serviços públicos de qualidade. Vieram as eleições mais que polarizadas, quando PT resgatou um visual de esquerda que foi rapidamente desmascarado quando Dilma começa a aplicar ajustes antipovo na economia. O respaldo que o PT conquistara em amplas camadas da classe trabalhadora devido ao crescimento econômico e a política de crédito fácil/aumento do consumo não poderia mais existir. A escolha então foi aplicar o plano do Aécio, o que validou um sentimento de traição entre os eleitores de Dilma e fortaleceu a direita para hegemonizar a insatisfação popular. Confesso que no começo via toda essa movimentação com um sentimento vingativo por conta do papel reacionário do PT para conter a luta de classes. No entanto, consegui deixar as paixões de lado e observar a estruturação de um golpe institucional, uma mudança das regras do jogo no meio da partida para que a direita tradicional retomasse seus espaços de direito e aplicasse as reformas enterrando a Constituição, rumo a aumentar a exploração do trabalho e o lucro dos capitalistas.

DEFENDER O PT, APESAR DO PT

Na escola, fui vendo quão difícil era essa discussão. O quanto a maioria dos professores não via o golpe em curso e estava ressentida com o governo Dilma, alguns até se posicionavam a favor do impeachment. Com o passar do tempo o golpe foi ficando claro por conta da consolidação do governo golpista do Temer, da continuação dos escândalos e das reformas antipovo,

Quando aventavam a prisão do Lula, eu não achava possível. Tinha um palpite de que os anos do PT no poder estatal tinham blindado seu principal líder. Como as ameaças aumentavam, me fiz presente no ato da República contra a prisão de Lula. Ouvi inúmeras promessas de rebelião popular de Lindbergh, Gleisi Hoffmann, presidentes da CUT e CTB e do Boulos. Prometeram que o Brasil iria arder em chamas caso Lula fosse preso e que os comitês populares seriam formados aos milhares.

Falar, até papagaio fala, né? Do dia do ato até o fatídico dia da prisão de Lula, não rolou toda essa movimentação. Muito pelo contrário, o que existia era um apelo à confiança no Judiciário, no dito compromisso que o STF teria com a democracia. Com meus botões pensei: se o PT não organiza seus aparatos para impedir a prisão do Lula, deve ser porque acredita que ela não irá acontecer. Essa lerdeza seria excesso de confiança ou o medo de movimentar a classe trabalhadora e não conseguir controlar o processo?

Na quinta-feira fatídica, estava em um debate sem acesso ao celular. Quando voltei para casa, uma infinidade de mensagens desesperadas diante da prisão do Lula. Havia uma paralisação marcada dos professores do Estado para sexta-feira com assembleia na Paulista. Recebi uma mensagem curta de WhatsApp informando que a direção majoritária da Apeoesp havia cancelado a assembleia e mandado todos a São Bernardo (nem precisa dizer que tal ordem não deu certo, a própria base da burocracia sindical decidiu ficar em casa e a maior parte dos conselheiros passou longe de SBC). Respirei fundo para lidar com a raiva. Por que não realizar a assembleia, votar contra a prisão de Lula/organizar a luta e levar ônibus para SBC? Por que não fazer a própria assembleia em SBC, garantindo transporte? Mais uma vez a burocracia não quer organizar os professores para lutar contra o golpe.

127

Decidi então ir no dia seguinte para São Bernardo. Defender o PT, apesar do PT — e rezando para ser contra as ordens conciliatórias do PT. As ideias pululando na cabeça — eu estava indo para um ato disposta a enfrentar repressão policial para não deixar o Lula ser preso. Sim. Eu, meu corpo, defender, Lula, tudo isso na mesma frase — era difícil de se acostumar.

Eu vesti uma calça jeans para me proteger caso houvesse repressão (não gosto de calça jeans), mas no fundo sabia que não era resistência, mas uma vigília. Mesmo assim fui preparada. Chegando lá, tive momentos de intensa gastura ao perceber que era mesmo uma vigília, tipo missa de corpo presente rumo as eleições. As cartas já estavam na mesa, não haveria resistência. Haveria sim a legitimação da sentença reacionária do Judiciário. Lula estaria garantido numa prisão que "respeitasse os direitos humanos", enquanto sua prisão abria brechas para inúmeras barbaridades contra a classe trabalhadora e o povo pobre, em especial nos momentos de luta. Ao se entregar, Lula entregou nosso pescoço.

Em São Bernardo ficou claro que é preciso ter uma política de independência de classe acertada com as necessidades da conjuntura. Existem duas tarefas inseparáveis agora: 1) Defender o direito de Lula participar das eleições/tirá-lo da prisão e 2) organizar uma esquerda independente do petismo. O PT se mostrou inútil para lutar contra a direita e entrega a si mesmo sem disposição de reação. Ainda confia nas instituições e no compromisso com a democracia dessa casta ignóbil de políticos e juízes. Confiar nas eleições para derrotar a "ditadura" do Judiciário e o avanço da direita golpista sobre os direitos da classe trabalhadora é não confiar na luta de classes como motor da história e permanecer no caminho eleitoralista clássico petista — o caminho que nos levou ao golpe, dando fôlego e espaço para a elite escravocrata e sanguinária brasileira em conluio com o imperialismo.

Estar em São Bernardo para mim era um dever ancestral com meus antepassados, com toda a fome, miséria e sofrimento que passaram, especialmente os negros e indígenas. Um dever também com a minha avó, Dona Diva, e com a herança por ela a mim legada — consciência de classe e disposição de luta. Minha avó continua viva fisicamente e dentro de mim — lá em SBC e agora enquanto escrevo essas linhas.

IMAGENS DA RESISTÊNCIA

JORNALISTAS LIVRES*

"Instante decisivo" é um conceito formulado em 1952 por Henri Cartier-Bresson. Dizia ele que toda fotografia captura um instante decisivo. Ao mirar a câmera e acionar o obturador, o fotógrafo perpetua um momento fugidio, jamais reprisado ou reproduzido.

Entre os dias 5 e 7 de abril de 2018, o que vimos foi um inédito e absurdo instante decisivo, recheado de instantes igualmente decisivos: um aceno da janela, um cochilo no asfalto, um homem carregado nos braços do povo, um choro, uma flor.

Ungido pela massa, o ex-presidente Lula viveu, em São Bernardo do Campo, um instante decisivo. Todos nós vivemos. As lentes dos Jornalistas Livres registraram. Oito fotógrafos revezaram-se naquelas 48 horas: Christian Braga, Guilherme Silva, Karla Boughoff, Lina Marinelli, Paulo Ferreira, Sato do Brasil e Vangli Figueiredo. Algumas dessas fotos estão nas próximas páginas, selecionadas por Gustavo Aranda e Camilo Vannuchi.

São imagens que não couberam na imprensa hegemônica, pequena demais para a grandiosidade daquele instante. Vibrantes e necessárias, elas anunciam a verdade desses dias de resistência. Para que não se esqueça.

---

* Jornalistas Livres é uma rede formada por coletivos de repórteres, artistas, designers, fotógrafos, cinegrafistas e ativistas digitais fundada em 2015

IMAGENS DA RESISTÊNCIA

© SATO DO BRASIL

© PAULO FERREIRA

130

IMAGENS DA RESISTÊNCIA

© LINA MARINELLI

IMAGENS DA RESISTÊNCIA

IMAGENS DA RESISTÊNCIA

IMAGENS DA RESISTÊNCIA

© GUILHERME SILVA

© CHRISTIAN BRAGA

IMAGENS DA RESISTÊNCIA

IMAGENS DA RESISTÊNCIA

IMAGENS DA RESISTÊNCIA

© LINA MARINELLI

IMAGENS DA RESISTÊNCIA

IMAGENS DA RESISTÊNCIA

IMAGENS DA RESISTÊNCIA

© LINA MARINELLI

© CHRISTIAN BRAGA

IMAGENS DA RESISTÊNCIA

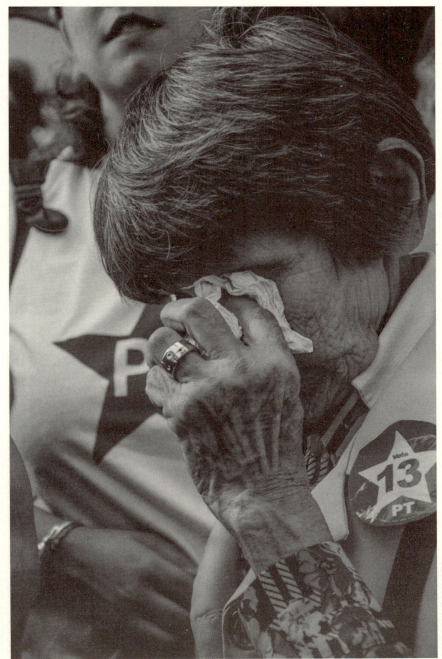

141

IMAGENS DA RESISTÊNCIA

IMAGENS DA RESISTÊNCIA

© SATO DO BRASIL

© CHRISTIAN BRAGA

A Editora Contracorrente se preocupa com todos os detalhes de suas obras!
Aos curiosos, informamos que esse livro foi impresso no mês de Agosto de 2018,
em papel Vintage 70, pela Gráfica Rettec.